くらべてわかる オノマトペ

小野正弘
ONO Masahiro

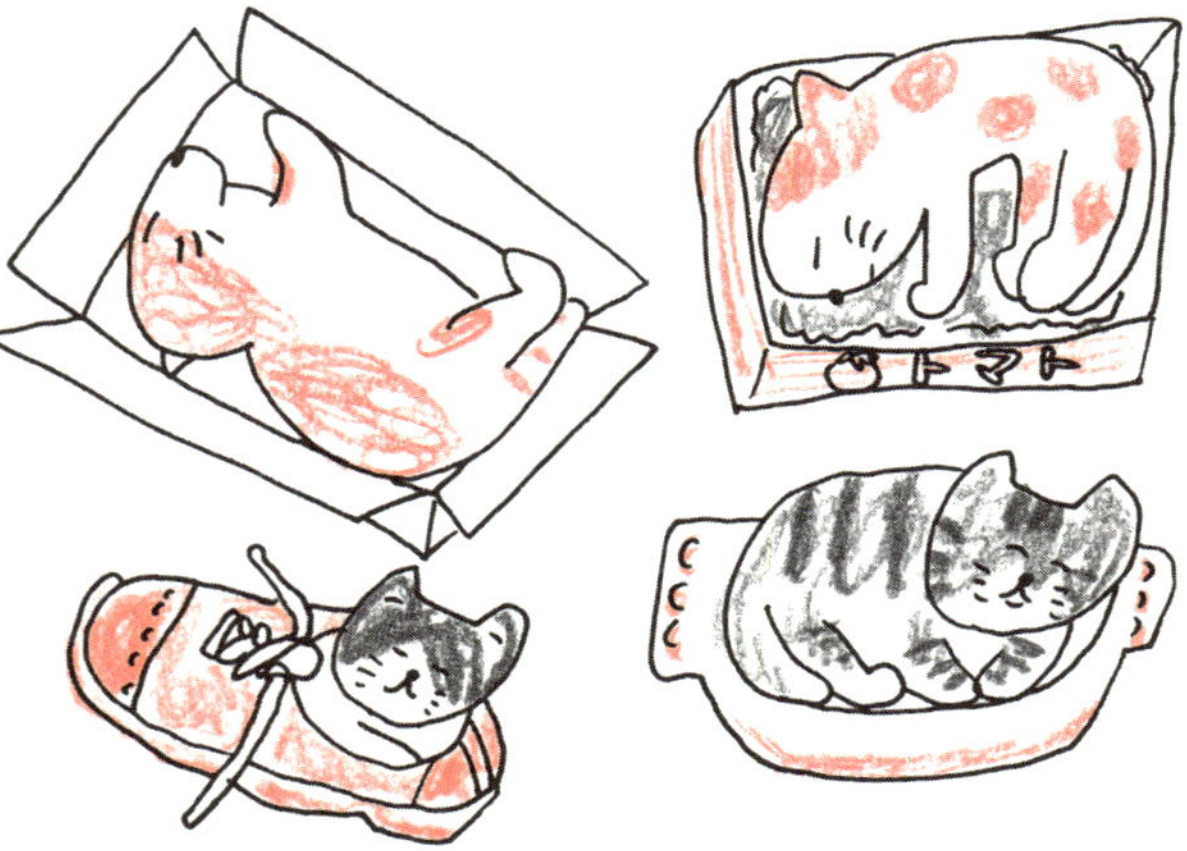

TOYOKAN BOOKS

はじめに

「ふかふか」と「ふっくら」、「へとへと」と「くたくた」。だれもが当たり前に使っている、とても身近な言葉ですが、どう違うのかと聞かれたら、どうでしょう。そもそも理屈ではなく、〝感じ〟で使っている言葉なので、説明できそうでできなくて、だんだん、なんだかもやもやしてきませんか？　この本では、こうした意味の似たふたつのオノマトペを五十組選んで、比べていきます。

オノマトペとは、いわゆる擬音語と擬態語の総称です。「擬音語」とは、動物の鳴き声や物音を、人間の言葉に置きかえたものです。犬や猫の鳴き声「ワンワン」「ニャーニャー」、ドアを閉める音「バン」などが、その例です。「擬態語」とは、ものごとや人間の様子、感情や感覚を、言葉の音が持つ感性で表現したものです。先ほどの、〈柔らかい様子〉の「ふかふか」「ふっくら」、〈くたびれた様子〉の「へとへと」「くたくた」などが、その例です。「オノマトペ」という言葉そのものは、フランス語に由来する言葉です。

「擬音語」や「擬態語」という言葉があるのに、「オノマトペ」という言葉をあえて使う理由は、このほかに「擬声語」「擬情語」「擬容語」などという言いかたもあり、どれを、どういう定義で使うかで、いろいろと面倒なことになるということと、擬音語と擬態語をまとめた言いかたがないことによります。ここでは、総称として「オノマトペ」を使い、特に区別する必要があるときは、「擬音語」と「擬態語」という用語を用います。あわせて、この本は、基本的に擬態語を対象としたものであることも、あらかじめお断りしておきたいと思います。

というのも、この本のテーマは、ふたつの似た意味のオノマトペを比べるということですので、擬音語を題材とすると問題が単純になるきらいがあるからです。たとえば、「カタカタ」と「ガタガタ」ではどちらの方が大きな音か、などと言ってみても、一目瞭然でしょう。それに対して、擬態語は、細かな意味やニュアンスが問題になりますので、それだけ比べがいがあって、面白いわけです。また、実は、擬態語は、世界のどの言語にもあるというものではなく、日本語、韓国語などで特に発達しているものです。その意味でも、日本語の擬態語を、深く細かく理解することは、日本語の細やかさと深さを測ることにつながります。

はじめに

　意味が似た言葉を「類義語」と呼びますが、もう少し細かく言うと、あるふたつの言葉が「類義語」であるためには、意味のうえで、ふたつに共通した部分と、それぞれで違っている部分がなければなりません。たとえば、「あがる」と「まがる」は、一文字違うだけですが、意味には共通する部分がないので、類義語とは言えません。それに対して、「あがる」と「のぼる」は、〈上に向かって移動する〉という共通部分があるので、類義語の関係にあります。このふたつは、「川をあがる」とは言わずに「川をのぼる」と言い、「川からあがる」と言って「川からのぼる」とは言いません。そこから、「あがる」が到着点を重視した言いかたなのに対して、「のぼる」は移動する過程を重視した言いかただとされています。具体的な動作を表わす言葉なのに、とても抽象的な説明になります。

　この説明でもわかるとおり、類義語の違っている点を説明しようとする場合には、一方が言えてもう一方が言えない場合を考えるという方法を使います。そして、その違いを述べようとすると、微妙で抽象的な説明になることが少なくありません。わたしたちは、類義語を当たり前のように使っていますが、実は、かなり微妙で繊細な使い分けをしているのです。

　これから、類義語にあたるふたつのオノマトペを比べて、どういう点が共通して、どこが違っているかを探り、さらに、ふたつに共通する性質について、どちらが勝っているかまで判定します。たとえば、「すやすや」と「ぐっすり」を比べて、どちらがよく眠っているかを考えるのですが、通常の類義語研究では、どちらがよく眠っているか、などというところまでは考えません。そもそも、判定すること自体が無理だとして、最初から考えない、という立場の研究者もいるはずです。しかし、そこをあえて追究してみました。どちらが勝っているかを考えることで、類義の関係にあるオノマトペについての理解がさらに深まると考えたからです。また、その際、どちらが勝っているかの判定は、あくまでも類義語としての性質を比較し、また、歴史的な由来なども考慮して、学問的な厳密さは保ちながら、なおかつ日常の言葉として興味深いものになるようつとめました。

本書が、オノマトペを楽しみ、理解するためのきっかけとなり、ひいては、広く言葉の面白さへの理解をさらに深めるための手助けとなれば幸いです。

小野正弘

二〇一八年六月

くらべてわかる オノマトペ◎もくじ

1章　心の動きをのぞいたら

2章 体はどう感じてる？

3章 こんな態度あんな仕草

4章　暮らしの五感を彩る

1章
心の動きをのぞいたら

「にこにこ」と「にやにや」どっちの方が好意を感じる？

「にこにこ」と「にやにや」、どちらも〈軽く笑みを浮かべる様子〉という点が共通するオノマトペです。このどちらに好意を感じるかということですが、少なくとも、私と同世代の五十代以上であれば、当然、「にこにこ」の方が好意を持っていると答えると思います。たとえば、次の例を比べてみましょう。

○無邪気に遊ぶ子供を**にこにこ**と眺める。
○無邪気に遊ぶ子供を**にやにや**と眺める。

これらの例の、「にこにこ」からは、〈温かなまなざし〉を感じるのに対して、「にやにや」からは〈軽くバカにしたようなまなざし〉を感じます。もっと言えば、〈粘っこい視線で薄気味悪く、なにを考えているかよくわからない〉といったニュアンスさえただよいます。こんな視線を感じたら、その子供の親御さんは、すぐに、子供をほかの場所に移すか、視線をさえぎろうとするでしょう。

「にこ」と「にや」という要素を持つ、別の言葉にも目を転じてみましょう。「にこ」からは、「にこっ」「にこり」「にこやか」などの言葉が思い浮かびます。みな、〈温かみのある好意的なまなざし〉を感じる言葉です。これに対して、「にや」からは、「にやっ」「にやり」「にやつく」「にやける」のような言葉を思いつきます。これらからは、たいてい、〈軽くバカにしたようなまなざし〉を感じますが、「にやける」からは、必ずしも悪意

を感じないようにも思われます。そのことは後で述べます。

「にこにこ」の基本要素「にこ」は、オノマトペだけでなく、「和毛《にこげ》」「柔草《にこぐさ》」のような普通の言葉も生み出します。「和毛」は、産毛のような柔らかな毛で、「柔草」は、今は耳慣れない言葉ですが、葉や茎の柔らかい草のことです。この「にこ」は〈柔らかい様子・穏やかな感触を持つ様子〉を意味しています。そのような、〈柔らかさ〉〈穏やかさ〉といった、ずいぶん抽象的な意味感覚が、「にこにこ」にも引き継がれているように思えます。

一方、「にやにや」は、古くは〈ねばつく様子〉を意味していました。そのことは、鎌倉時代につくられた語源辞書『名語記《みょうごき》』に「ねばき物をにやにやとあるといへる、にや如何」と書かれていることから、確認できます。

さきの「にやにやと眺める」に感じられた、なにか粘っこい感じというものは、ここに由来しているわけです。そして、ここにも、抽象的な感覚が流れ込んでいるのを見てとることができます。オノマトペの意味が引き継がれるとき、そこには、繊細で抽象的な感覚が橋渡しをしています。

また、「にやける」は、現在では〈だらしなく笑みを浮かべる〉という意味ですが、「生まれたばかりの娘の写真を見ては、にやける」という例からは、〈軽くバカにしたような悪意あるまなざし〉は感じられません。

「にやける」の語源には、実は諸説あって「若気《にやけ》る」なのだとされることもあります。「若気」とは〈男が女のように色っぽく、浮わついた様子を見せること〉という意味です。「にやける」の〈だらしなさ〉は、ここに由来するのかもしれません。

さて、最近の、特に若い世代における「にやにや」は、感覚が変わってきているようです。ブログにこんな例を見つけました。

○私はにやにやする話が好きです。その展開はかっこよすぎるでしょーとかそれは可愛すぎるでしょー、とかそこでそんなこと言っちゃうの最高でしょーとか思いながらにやにやしてしまう感じの。

この例からは、**これまでの「にやにや」が持っていた〈軽くバカにしたようなまなざし〉や〈粘っこさ〉の感覚は希薄になって、むしろ、好意的な微笑みに転じています。**ほかに、「もらったプレゼントを見てにやにやする」みたいな例もあります。これまでならば、たとえば「にまにま」で表されていたような感覚です。

このような「にやにや」の意味の変化が進めば、「にこにこ」と「にやにや」の、どっちに好意を感じるかという感覚が変わってくるどころか、意思疎通が世代間でうまくいかなくなるかもしれません。

「プレゼントもらって、すっごいにやにやしちゃった」とうれしそうな娘に、「そんなに変なものだったのか？」とお父さんが返してしまう、なんてことになってもおかしくありません。

「ぷりぷり」と「つんつん」どっちの方がおかんむり？

彼女の誕生日をうっかり忘れて、プレゼントの準備もしていないとなると、大変なことになります。「ねえ、なにか忘れていない？」「え、なにか？」「ほんとに覚えてない？」「ええとお……」「もうっ」とぷりぷりする。一方、少しでも機嫌を取りつくろおうと必死な彼氏が、「ねえ、このまえ行きたがっていた映画があったよね」「え、そんなこと言ったっけ」「あ、違ったかも……。そういえばさ、こないだパンダの子供が生まれたんだよね、パンダ好きだったよね」「……（相手にしない）」「え、もしかして、なにか怒ってる？」「別に……」とつんつんする。どちらが危険領域に入っているのでしょうか。

ここで思い出すのは、直接怒りをぶつけてくる方が、まだ愛情が残っている、という教えです。「ぷりぷり」は、まだこちら向きの働きかけがあります。しかし、「つんつん」は、こちらから働きかけても対応がありません。ということは、「つんつん」の方が心の底からの怒りの度合いは高いと見ることができます。

そもそも、「ぷりぷり」と「つんつん」とは、どういうオノマトペでしょうか。「ぷりぷり」の方は、さきに見た〈ふくれっ面でひどく機嫌の悪い様子〉という意味のほかに、〈弾力性に富んでゆれ動きそうな様子〉という意味もあります。たとえば、「ぷりぷりした水ようかん」などという場合です。ふたつの意味のうちどちらが古い例かというと、〈ふくれっ面〉の方です。それが、〈張りの感じられる様子〉という抽象的なイメージによって〈弾力性〉の方へ意味が広がったものと考えられます。また、〈ふくれっ面〉から〈弾力性〉へと意味が変わったときに、評価的に、マイナスから、若干プラスを帯びるものになっていることも見逃せません。

他方、「つんつん」は、鎌倉時代あたりまでさかのぼることができ、そこでは、〈髪が勢いよく跳ね上がる様子〉を意味していたようです。現代でも、「つんつん尖った髪型」と言って通用しそうです。この〈尖った様子〉がもともとの意味だったとすると、〈尖ったものでなにかを突く様子〉へと意味が転じるのは自然で、たとえば「酔いつぶれたひとの肩を指でつんつんしてみた」という、現代の言いかたとも結びつきます。

しかし、〈冷たく無視するような態度をとる様子〉を意味する場合の「つんつん」には、そういった〈なにか尖った感覚で、こちらの気持ちを刺激してくる様子〉という意味合いは感じられないように思われます。そのようなときは、「とげとげした態度」のような言いかたになるのではないでしょうか。

おかんむりの「つんつん」は、向こうからとげとげと刺激してくるという感覚よりは、いくら機嫌を取り結ぼうとしても冷たく無視されるような感覚が先に立ちます。まだ、「ぷりぷり」や「とげとげ」の方が相手にされているだけ、救いがあります。そのようなわけで、やはり「つんつん」の方に危険信号を強く感じるのです。

「ぎくしゃく」と「ぎすぎす」どっちの方がかみ合ってない？

いままでうまくいっていた友人との仲が、うまくかみ合わなくなってしまうことがあります。そんなとき、「友達との仲が、ちょっと**ぎくしゃく**しちゃって……」などと、ひとに相談するようなこともあるでしょう。ひととの関係が、うまくかみ合わないことを表す言いかたには、もうひとつ「ぎすぎす」というものもあって、「親戚との関係が、最近**ぎすぎす**してきた」などと言います。このように、〈ひととの仲がうまくゆかない様子・かみ合わない様子〉を表す言いかたには、「ぎくしゃく」と「ぎすぎす」があるのですが、それでは、このどちらがかみ合っていないのでしょうか。

「ぎくしゃく」は、さきに述べたように、人間関係にも使われますが、ひとの体の動きがぎこちないようなときにも使われます。人間関係が、いわば真っ直ぐに流れずに、あちこちで変な曲がりかたをしてしまう。体の動きがとどこおってしまって、途中途中で止まってしまう。そんなイメージでしょうか。つまり、「ぎくしゃく」は、〈スムーズな動きや流れになっていない様子〉を表したオノマトペです。「ぎくしゃく」の「ぎく」は、「ぎくり」とか「ぎくっ」にも見られるもので、〈急激に驚いたりして、体が固まってしまう様子〉を意味します。一方、「しゃく」は、ほかに「びくしゃく」などにも見られるものですが、「ぎく・

しゃく」「びく・しゃく」のように、「く」音でそろえて調子を取りながら、「ぎく」や「びく」で表した、〈体が急激に動いて固まる様子〉が、少しほどけるような意味合いを表しているものと思われます。つまり、「ぎくぎく」や「びくびく」だと同じ動きが続くことになりますが、「しゃく」が付くことによって別の動きが示されているわけです。

「ぎすぎす」の方は、どうでしょうか。「ぎすぎす」は、人間関係のほかに、「あのひとの言いかたは、なんかぎすぎすしていやだ」のように、ひとの性格や口調についても言えます。愛想がなく、無理に波風を立てようとさえしているかのようです。この「ぎすぎす」には、〈なにか固いもの同士がこすれ合っている〉ようなイメージもあります。人間関係に置きかえれば、互いに自己を主張しあって、折れ合わない、といったところでしょうか。「ぎすぎす」で固いものがこすれ合うというところからは、「ぎしぎし」という言葉が連想されます。「ぎしぎし」は鎌倉時代からあって、「ぎすぎす」は江戸時代からありますので、「ぎすぎす」は、人間関係や性格を表すために、「ぎしぎし」をもとにして造られた可能性もあります。このとき、「ぎしぎし」の方は、「ぎしぎしきしむ椅子」のように、こすれ合う音そのものを表していて、「ぎしぎしした関係」のような人間関係には言いづらいという特徴があり、一方、「ぎすぎす」は、「ぎすぎすきしむ椅子」とは言えず、互いに意味の棲み分けがあるようです。

「ぎくしゃく」と「ぎすぎす」の折り合いの付かなさの原因は、**「ぎくしゃく」が、お互いの意思疎通がスムーズに流れないこと、「ぎすぎす」が、互いに強く主張して譲らないこと**です。どちらの方が折り合いが付きにくいかと言えば、これは、互いが強く主張しあって引かない方ということになるでしょうから、「ぎすぎす」ということになります。逆に言えば、「ぎくしゃく」程度であれば、関係修復はまだまだ可能だということです。

「しっくり」と「ぴったり」どっちの方が相性がいい？

気持ちが通い合う相手がいるということは、ありがたいことです。「小野さんとだと、言ってることがしっくりとくるんですよねえ」といえば、気持ちが通じ合っていることがよく伝わってきます。言われると、とてもうれしく、お互いの気持ちに潤いさえただようように感じられます。

一方、「小野さんと私って、相性ぴったりなんです」などと言われても、うれしい気持ちになります。異性から面と向かって言われると、ちょっとどきっとしますね。この「ぴったり」も、ふたりの相性がよいことを表現しています。けれども、「しっくり」と「ぴったり」、まったく同じとも思えません。どこが違うのでしょうか。

まず、「しっくり」ですが、ひと同士の相性のほかに、「その髪型と服は**しっくり**来ないなあ」というように、モノとモノとの関係にも使えます。「夫婦仲がしっくりしない」と言えば、単なる相性というよりも、ふたりの感情や価値観までもが含まれてくるようです。そういえば、「しっくり」は、肯定形よりも否定形で使われることが目立つようにも思います。理想はあっても、なかなか実現しないことだからでしょうか。

また、「しっくり」は、単にうまくかみ合うというよりも、〈互いの性質や特質が穏やかに調和する〉というところに中心的な意味があるようにも思えます。「ふたりは元気にしっくりと仲がい

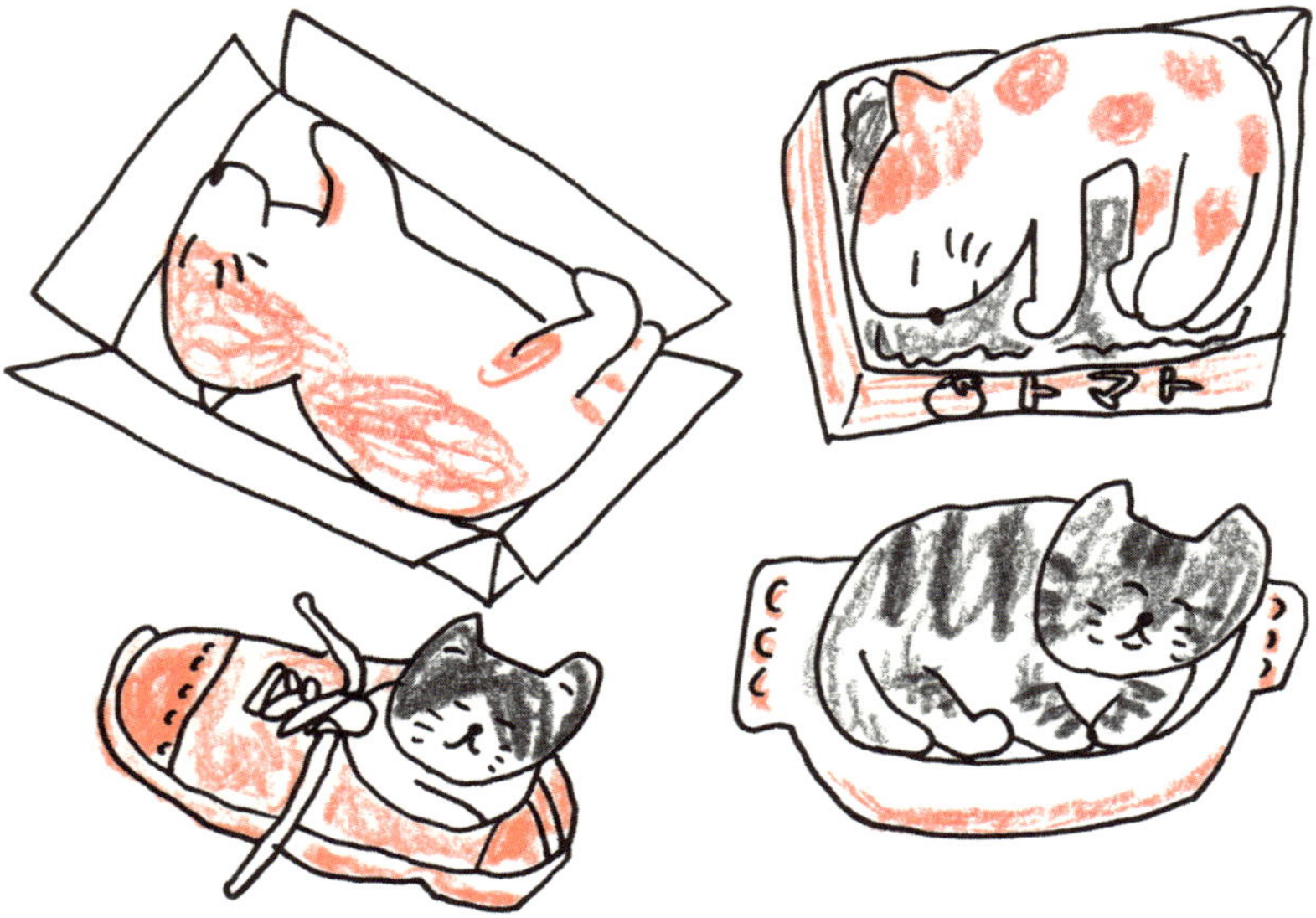

い」という言いかたに違和感を感じるのは、そのためのように思います。「しっくり」は、ひと同士の気持ちであろうが、髪型と服であろうが、それぞれが強く主張するのではなく、溶け合うように調和するところに、その特徴があるようです。**この互いに溶け合うような気分が、さきに述べた「しっくり」の〈潤い〉に通じている**のでしょう。

それに対して、「ぴったり」は、「足に靴が**ぴったり**合う」「戸をぴったりと閉じた」のように、モノとモノの関係についても言えますが、この場合、〈余分なすきまがない〉というところに重きが置かれているように思われます。これは、ほかに、「時間ぴったりにやってきた」とか、「貼り薬を腕にぴったりとはる」のような例を考えても、同じことが言えそうです。また、ひとについて言う「ぴったり」でも「三人の息がぴったり合った動き」のように、気持ちだけでなく行動についても言えそうです。「ぴったり」は、言わば、図形同士がすきまなく合わされればいいのですから、潤いというよりは、いくぶんドライな感じもします。

　というわけで、「しっくり」の持つ〈調和性〉と「ぴったり」の持つ〈すきまのなさ〉とを見比べながら、相性のよさについて考えていくと、精神的な調和が見られるという点で「しっくり」の方が深く感じられるので、相性のよさは「しっくり」の方が上だと思われます。

　ところで、現代語の「しっくり」は、穏やかで調和したイメージを持つのですが、古くは「しっくりとつめった」（「つめった」は、指の先で「つねる」こと）のような言いかたも観察されます（虎明本狂言《とらあきらぼんきょうげん》「金岡」、一六四二年）。これは、〈強く食い込む様子〉の意味で、現代語で言うと「ぎゅっと（つねった）」に当たるような言いかたで、今ではなくなったものです。

〈強く食い込む様子〉の意味になってしまうと、急にイメージが悪くなり、「しっくりとした仲」などと言われても、互いの執着の強さが前面に出てくる感じがします。この〈強く食い込む様子〉の意味が失われて、穏やかで溶け合うような意味合いになったのは、現代のわれわれにとっては幸いだと思います。

「ぽかん」と「あんぐり」

どっちの方が呆けた感じ？

「せっかく、いろいろと説明しているのに、**ぽかん**として、聞いてるのか聞いていないのかわかんないんだ、いやになってしまうよ」なんていう愚痴を聞くことがあります。無反応で、呆《ほう》けた感じがします。これは、いわゆる「天然（ぼけ）」ともちょっと違います。「天然」は、言ったことは聞いていて、ただ、うまくかみ合わない、場にそぐわない反応を返してくるだけです。「ぽかん」とされると、なにか、言って損をしたという感情さえわきます。

一方、今まで、付き合っているという情報さえなかったふたりが、急に結婚するということになり、どうも、できちゃった結婚でもあるらしい。そんなバカな、いつの間に。ただただ驚き、思考停止。もう、**あんぐり**とするばかりです。

この「あんぐり」も、どこか呆けたイメージのする言葉です。それでは、この「ぽかん」と「あんぐり」、どちらが、より呆けた感じなのでしょうか。

「ぽかん」は、〈呆けた感じ〉を表すほか、「急に穴がぽかんと空いた」のように、〈なにもない空間ができる様子〉も表します。〈呆けた感じ〉を表す「ぽかん」も、もともとは、「口をぽかんと開ける」のように、〈力なく口を開ける様子〉を表していたようです。その後、口を開けなくとも、無反応で〈呆けた様子〉の場合にも用いられるようになりました。〈なにもない空間ができる〉ということと〈口を力なく開ける〉ということには、結果的に〈なにもない空間が広がる〉という点で、共通性が見出せます。なお、「ぽかん」には、「あたまをぽかんとなぐった」のような言いかたも思い出しますが、これは、殴ったときの音を表した擬音語の用法なので、直接の関係はないでしょう。

「あんぐり」は、〈呆けた感じ〉を表すほか、〈口を大きく開けたまま閉じない様子〉も表します。口を大きく開けたままにしている理由は、さまざまです。驚きや恐れのほかに、「あまりの美しさに見とれて、ただ、口をあんぐりとするだけだった」のような感動による「あんぐり」もあります。また、「今にも豹がとびかかってくるだろう。そして、胸の上に前足をかけて、あんぐりと、かみついてくるだろうと、もう、生きたここちもありません」（江戸川乱歩『黄金豹』まぼろしの豹、一九五六年）のように、単に大きく口を開ける描写の例もあります。この〈口を大きく開けたまま閉じない様子〉が、「あんぐり」本来の意味なのだと思われます。〈呆けた感じ〉は、そのひとつの場合なのです。

「あんぐり」は、「ぐんにゃり」とか「ぬんめり」のようなオノマトペと同じ形をしています。が、「ぐんにゃり」「ぬんめり」からは、「ぐにゃ」「ぬめ」のような要素を取り出せるのに、「あんぐり」からは「あぐ」という要素を取り出すことができません。つまり、「あんぐり」は、特に〈口を大きく開けたまま閉じない様子〉を表すために造られたということが言えます。

〈力なく口を開けた様子〉の「ぽかん」と、〈口を大きく開けたまま閉じない様子〉の「あんぐり」。開けた口は、「あんぐり」の方が大きいのですが、**開けた口の大きさで、呆けた感じが決まるとも言えません。むしろ、「ぽかん」の持つ〈無反応〉な点を重くみたいと思います。**つまり、無反応な分だけ、「ぽかん」の方が〈呆けた感じ〉が強いと判定したいと思います。

「がっくり」と「がっかり」どっちの方が落ち込んでる？

「がっくり」と「がっかり」は、わずか、「く」と「か」が違うだけです。たったそれだけの違いなのですが、このふたつは、どんな違いを見せるのでしょうか。「試験に失敗して、**がっくり**した」と言えば、〈うなだれて落ち込んでいる様子〉を表します。一方、「試験に失敗して、**がっかり**した」と言えば、〈望みを失って落ち込んでいる様子〉を表します。これだけではまだ違いがよくわからないので、もっとよく観察してみましょう。そうすれば、どちらが落ち込んでいる度合いが深いか見えてくるはずです。

「がっくり」も「がっかり」も、いかにもオノマトペらしい姿をしています。「ぴったり」「かっちり」「どっしり」と、このような姿のオノマトペは、ほかにも多く挙げることができます。

しかし、「がっくり」と「がっかり」には、大きな違いがあります。「がっくり」は、ほかに挙げた「ぴったり」「かっちり」「どっしり」と同じように、「っ」（促音《そくおん》）と「り」を除くと、「がく」「ぴた」「かち」「どし」のような基本要素を取り出すことができます。この基本要素は、「がくり」「がくっ」「がくん」「ぴたり」「ぴたん」「ぴたっ」……のように、さらに派生していくことができます。

ところが、「がっかり」は、同じようにして「がか」を取り出しても、「がかり」「がかっ」「が

かん」のような、耳慣れない形しか生み出しません。オノマトペは、二回繰り返しの姿も典型的なものなのですが、「がか」からは、「がかがか」という、これも耳慣れない形しか出てきません。というわけで、「がっかり」は、オノマトペの一般的な形からいうと、かなり特別なものなのです。

ここで、「がっくり」と「がっかり」が、いつ頃からあるのかを確認すると、「がっくり」は、一七世紀末ごろから見られるのに対して、「がっかり」は、一九世紀初頭ごろからあるようです。つまり、「がっくり」の方が「がっかり」より一〇〇年ちょっと前からあるということになります。とすれば、「がっかり」は「がっくり」をもとにして造られたのではないかという推測が成りたちます。では、それは、なんのためなのでしょうか。

「がっくり」は、古くは、〈体から急に力が抜けたり、体が急に折れ曲がる様子〉を主として表していました。今でも、「定年退職したとたんに、がっくりきちゃって……」というような言いかたを耳にします。これは、〈気力が落ち込んだ様子〉も含まれるでしょうが、もっと総合的に、体全体から力が急激に失われたイメージです。「犯人は、首をがっくりうなだれたあと、私がやりましたと告白した」などだと、もっとわかりやすく、この「がっくり」は、〈首から力が失われて、急激に折れ曲がる様子〉を表しています。

「がっくり」は、体から力が急激に失われたり、体の急激な動きに関して用いられます。一方、「定年退職して、がっかりきた」とか「首をがっかりうなだれた」のような言いかたには、違和感を覚えます。「がっかり」は、体の急激な動きを表すのには適さず、気持ちが元気なく落ち込んだ様子を特に言い表すために造られたのではないかと思われます。

また、「あいつが試験に失敗して、がっかりした」というときの「がっかり」は、自分の残念な気持ちを言い表しています。一方、「あいつが試験に失敗して、がっくりした」は、自分の気持ちにとどまらず、体調まで変になったようなニュアンスも生まれます。これを見ても、「がっかり」が、気持ちを特に言い表すために造られたものであることがうかがえます。

こうしたことをふまえて落ち込んでいる度合いの深さを比べると、**気持ちだけの「がっかり」よりは、気持ちに肉体の感覚がプラスされて、総合的に落ち込んでいる方、すなわち「がっくり」**の方が深いと思われます。

「むしゃくしゃ」と「いらいら」どっちの方が機嫌が悪い？

「むしゃくしゃ」も「いらいら」も、〈どこか虫の居所が悪くて、機嫌の悪い様子〉が共通するオノマトペです。ちょっと物騒な話ですが、昨今の事件の動機を比べると、その違いが浮かび上がってきます。「むしゃくしゃ」というと、なにか事件を起こした犯人が、「**むしゃくしゃ**したのでやった」などと供述しているという報道をよく耳にします。一方、「いらいら」の方は、「店員の態度に**いらいら**して、ついかっとなった」などという供述になるようです。ここからわかることは、犯人にそのような感覚を引き起こした対象が明確かどうかの違いです。

たとえば、「なんとなく」という言葉のあとにくるのは「むしゃくしゃする」の方がふさわしく、「相手の煮え切らない態度に」という言葉のあとには「いらいらする」が似つかわしいように思われます。つまり、「むしゃくしゃ」は対象があまり明確でなく、「いらいら」は対象が比較的明確である、と言えそうです。

「むしゃくしゃ」という言葉は、古くは、〈草や毛などが乱雑に生えている様子〉を表していました。

たとえば、江戸時代の狂歌に「むしやくしやとしげれる庭の夏草の草の庵もよしや借宅《しゃくたく》」（黒田月洞軒《げつどうけん》『大団《おおうちわ》』、一七〇三年）という句があります。これは、庭の夏草も乱雑に茂っている草庵は、

もしかしたら、持ち家ではなく借家なのか（だから、真面目に手入れをするのを怠っているのではないか）という、からかいの気持ちを詠んだものです。ここから、「むしゃくしゃ」という言葉の深いところにある意味は、〈乱雑〉であるということがわかります。たしかに、気持ちが「むしゃくしゃ」するというのは、心が乱れておさまらないということを表していて、このような抽象的な感覚が今にまで引き継がれているのは、とても興味深く思われます。

それに対して、「いらいら」の「いら」とは、実は、「トゲ」を意味する古語でした。この「いら」を繰り返した言葉が「いらいら」です。今でも、「とげとげする」とか「とげとげしい」というと、鋭く胸に突き刺さってくるような感覚がありますが、「いらいら」は、その古語バージョンと言えます。つまり、「いらいら」という言葉の深いところにある意味は〈鋭さ〉ということになります。なにか、トゲのようなものが心をちくちく突いてくるのだけれども、それをすぐに取り去ることもできず、思うに任せない不快感にとらわれるのが、「いらいら」なのです。

「むしゃくしゃ」が、漠然と心が乱れて不快さがつのる様子を表すのに対して、「いらいら」が、なにか心に刺さったトゲのせいで面白くない、と考えると、両者の違いがはっきりします。

以上のようなことで考えると、「むしゃくしゃ」と「いらいら」、どっちが機嫌悪いのかといっても、そもそも、機嫌の悪さの質が違うのだから、どちらが上だと一概には言えないようにも思いますが、**心が乱れておさまらないという不機嫌さのやり場のない気持ちを考えると、「むしゃくしゃ」の方が、機嫌の悪さは上かもしれない**とも思います。

さらに、不機嫌さを表す言葉として、「むかむか」という言葉もあります。たとえば「相談窓口の対応の、あまりのいい加減さにむかむかしてくる」。こんな例文を見ると、「むかむか」は、やはり、なにかのきっかけがあって生まれてくる感情であることがわかります。しかし、その「むかむか」の感情を丁寧に説明しろと言われると、意外に難しいのではないでしょうか。「むかむか」には、不満であったり、怒りとまでは言えないいら立ちであったりというような、なにか得体の知れない不快感で心が乱れ、しかもそれがだんだんふくらんでいくという感覚があります。つまり、「むかむか」は、なにかきっかけがあるという点では、「いらいら」と共通するところがあり、得体の知れない不快感に心が乱れるという点では、「むしゃくしゃ」と共通するところがあります。

「むしゃくしゃ」「いらいら」「むかむか」の使い分けは、ストレス社会と言われる現代をまさに象徴する言葉のように思われます。

「ぞくぞく」「がくがく」とどっちの方が怖い？

夜ひとり、家のテレビでホラー映画を見ているときに、怖ろしい場面がアップで迫ってきたりすると、思わず背中が**ぞくぞく**することがあります。しかし、恐怖で身が震えるのは、ホラー映画だけではありません。道路を横切ろうとしたら、突然、鼻先をかすめるように猛スピードでバイクが通り過ぎて行ったときなど、もし当たっていたらと思うと、恐怖のあまり身が**がくがく**と震えてしまいます。〈恐怖で身が震える様子〉が共通する「ぞくぞく」と「がくがく」は、どのような違いがあって、また、どちらの方が怖さの度合いが上なのでしょうか。

「ぞくぞく」は、〈恐怖で身が震える様子〉のほかにも、「どうも風邪を引いたみたいでぞくぞくする」のように、〈寒気《さむけ》で身が震える様子〉にも言えます。この場合の震えは、外気の寒さに当てられたときのものではなく、体のなかからわき起こるものです。

また、「ぞくぞく」は、〈恐怖〉や〈寒気〉といったマイナスの原因だけで起こるものではありません。「強敵との待ちに待った対戦をひかえて、ぞくぞくした気分になる」という場合は、〈期待と高揚感で武者震いする様子〉という意味ですから、むしろプラスのものが原因です。「あこがれの選手と話ができて、ぞくぞくした」のように、〈強い満足感〉からくる場合も、使えます。これらに共通するものは、体のなかからわき起こる感覚です。全体をまとめると、「ぞくぞく」は、〈恐怖や期待で、体のなかから震えがわき起こる様子〉ということになります。

「がくがく」も、〈恐怖で身が震える様子〉のほかに、「お寺の階段を百段上がったら、さすがに膝ががくがくした」のように、〈疲労のために体の一部が震える様子〉についても言えます。いわゆる「膝が笑っている」という状態です。「とても寒くて、あごががくがくした」とも言えますから、外気による〈寒さ〉が原因のときにも使えます。

さらに、「奥歯ががくがくする」といえば、ほとんど抜ける寸前です。こうして見ると、「がくがく」は、不安定にゆれ動いて、場合によっては、はずれかかっているという意味合いになるようです。ゆれ動く仲間に「ぶるぶる」もありますが、その度合いは、「がくがく」の方が大きいです。だから、「がくがく」は、はずれかかっているような印象になるわけです。というところから、「がくがく」は、〈はずれかかるぐらいに、不安定にゆれ動く様子〉とまとめられます。

〈恐怖や期待で、体のなかから震えがわき起こる様子〉の「ぞくぞく」と、〈はずれかかるぐらいに、不安定にゆれ動く様子〉の「がくがく」。怖さを比べるならば、震えの大きさという点から言えば、「がくがく」になります。「ぞくぞく」の震えは、とても小刻みです。

しかし、単純に、震えの大きさだけで怖さの度合いを測ってしまってよいものでしょうか。怖さは、心理的なものですから、そちらの方で考えなければならないのではないでしょう。その点、**「ぞくぞく」は、〈恐怖〉であれ〈満足感〉であれ、直接、心に働きかけてきます。**「奥歯ががくがくする」と言えば、奥歯の状態だけの問題ですが、「奥歯がぞくぞくする」と言えば、ぞわっと神経にさわるような、心の問題にまでなってきます。心理の面から考え直すと、怖さの度合いが上なのは、「ぞくぞく」ということになります。

「どきどき」と「きゅんきゅん」どっちの方が恋してる？

これは、もう考えるまでもありません。「**きゅんきゅん**」です。文句なしに可愛いじゃありませんか。こんな問いをたてること自体、間違っています。終わり。……と、いうわけにもいかないでしょうね。「どきどき」と「きゅんきゅん」、たしかに、「きゅんきゅん」は可愛らしさを伴っていますが、恋している度合いとなると、また違うかもしれません。

「どきどき」は、現代語でも、恋心だけには限定されません。「長い石段を上ってきたから、心臓がどきどきいっている」と言えば、単に〈胸の動悸が激しい様子〉を意味します。このときは、身の内の音さえ響いて聞こえそうです。とはいえ、古くさかのぼってみて目に付くのは、やはり〈恋の思い〉によるものです。「日比《ひごろ》恋し床しい力弥様。逢《あは》ばどふ言をかう言をと、娘心の**どきどき**と、胸に小浪を打寄《うちよす》る」（竹田出雲他『仮名手本忠臣蔵』第二、一七四八年）などという例が見えます。この娘は、小浪というのですが、それが日頃恋しく思っている大星力弥に会えたら、どう言おうか、こう言おうかと思っている場面です。さらに、〈不安〉〈気がかり〉〈ためらい〉〈欲望〉など、さまざまな要因で「どきどき」する例を見つけられますが、「どきどき」そのものは、〈胸の動悸が激しい様子〉で変わりません。逆に言うと、「どきどき」は、〈胸の動悸が激しくなるほど恋しく思う様子〉ということになります。

「きゅんきゅん」は、〈胸が締めつけられるほど恋しく思う様子〉を意味します。「きゅんきゅん」というように重ねる言いかたは、新しい言いかたです。「胸がきゅんとなる」という言いかたの方が先でした。それをさらに略した「胸キュン」という言いかたもあり、『君に、胸キュン。』という歌もありました。一九八三年、イエロー・マジック・オーケストラ（ＹＭＯ）の曲で、作詞は松本隆です。松本隆は、当代の言葉を巧みに歌詞に採りいれることでも知られていますから、「胸キュン」はこの時代に流行っていた言葉で、私の記憶とも一致します。

「胸がきゅんとなる」というのは、泣きたくなるほど切ない思いというようなニュアンスを伴います。この「きゅん」を繰り返したものが、「きゅんきゅん」ですから、切なさの度合いは高まって、ほとんど命さえも失せそうなほどになることが期待されるのですが、どうも実際はそこまで切実でもないようです。「きゅんきゅん萌え」などという言葉もあるように、むしろ、対象が可愛くてたまらないとか、憧れの気持ちがとまらないというような場合に用いられるもののようです。したがって、「きゅんきゅん」は、〈可愛かったり憧れの気持ちで、胸が軽く何度も締めつけられる様子〉と言った方が正確だと思われます。「きゅん」という胸の強い締めつけが何度も繰り返されるというのは、身体的にもまずいことですので、「きゅんきゅん」になると、むしろ、程度が軽くなるというのは自然なことかもしれません。

そうなってくると、**〈胸の動悸が激しくなるほど恋しい様子〉の「どきどき」と、〈可愛かったり憧れの気持ちで、胸が軽く何度も締めつけられる様子〉の「きゅんきゅん」**を比べてみたとき、恋する真剣さの度合いは、「どきどき」の方が深く、重いのではないかと思います。最初の結論と変わってしまいましたが、恋は、単に可愛ければよいというわけでもないので、致しかたないかとも思います。

「でれでれ」と「めろめろ」どっちの方が溺愛してる？

「でれでれ」「めろめろ」と聞くと、どんな場面を想像するでしょうか。

私なら、孫が可愛くてならないという祖父母、ペットの鼻に自分の鼻をぷるぷるとこすりつける飼い主、ご自慢の彼氏を上目づかいで見上げる彼女、といったところでしょうか。なんとなく、おじいちゃんが溺愛する孫は女の子で、おばあちゃんが溺愛する孫は男の子のような気もするのですが、それは言い過ぎかもしれません。ペットは、抱き上げられるぐらいの大きさというイメージです。土佐犬に飼い主のおっさんが「**でれでれ**」「**めろめろ**」というのは、ちょっと絵にならない気もします。もちろん、あって悪いと言うつもりはありませんが。

「でれでれ」「めろめろ」は、もちろん、女性から男性だけでなく、男性から女性もありえます。ということで、たとえば、「おじいちゃんは孫娘に、もうでれでれだ」というのと、「おじいちゃんは孫娘に、もうめろめろだ」というのを比べてみると、どちらの方が溺愛しているように感じられるかを、考えてみたいと思います。

「でれでれ」は、〈溺愛している様子〉のほかに、「私の態度は、稚拙であつた。三十一にもなつて、少しも可愛げが無くなつてゐるのに、それでも、でれでれ甘えて、醜怪の極である」（太宰治『善蔵を思ふ』、一九四〇年）のように、甘ったれた態度についても言えます。このような例をあわせて考えると、「でれでれ」の本質は〈だらしなくてしまりのない様子〉であると言えます。つまり、「でれでれ」は、溺愛する様子そのものではなくて、溺愛するあまり、〈だらしなくしまりがない様子〉になっていることを言い表しているとわかります。

オノマトペには、清音と濁音とで意味が対照的になるものがあります。「かたかた」と「がたがた」、「きらきら」と「ぎらぎら」のようなものです。清音と濁音とで、高と低、軽と重、小と大、弱と強、明と暗、淡と濃のような対照が見られるのが特徴です。濁音形「でれでれ」の清音形は「てれてれ」です。「なにをてれてれ仕事してるんだ」のような例を考えてみると、〈いいかげんでしまりのない様子〉が伝わってきます。濁音形「でれでれ」は、その度合いが強まったものということになります。

「めろめろ」は、〈溺愛している様子〉のほかには、「プレゼンの後に痛い質問をされてめろめろになった」のように、〈張りや支えを失ってくずおれる様子〉を意味します。さらに、古くさかのぼると、「めろめろ」は、〈塗り物が、抵抗感なくたやすくはがれ落ちる様子〉や、〈とめどもなく涙が流れる様子〉〈火がなめつくすように燃え広がる様子〉のような、多彩な意味を持っていました。ここから見出される「めろめろ」の本質は、〈歯止めが利かない様子〉であるように思われます。つまり、**「めろめろ」も溺愛する様子そのものというよりも、溺愛するときに〈歯止めが利かず、どこまでもエスカレートしていく様子〉を表している**と言えます。

まとめると、〈だらしなく締まりのない様子〉で溺愛する「でれでれ」と、〈歯止めが利かずどこまでもエスカレートする様子〉で溺愛する「めろめろ」という差が見えてきました。その上で、どちらが溺愛の度合いが強いかを考えてみると、これは、歯止めが利かないまで溺愛する方、つまり、「めろめろ」の方が溺愛していると見ます。

「めそめそ」と「しくしく」どっちの方が哀れを誘う？

「失恋して、**めそめそ**泣く」、あるいは、「失恋して、**しくしく**泣く」というのは、一昔前までは、女性を描写するものでしたが、男性だって「めそめそ」しますし、「しくしく」とも泣きます。なんだそれは？　それでは、らしくないぞ！などと言うのは、まさしくハラスメントになります。それこそ、今ですと、特に漫画などでは、男性もしくしく泣いていたりして、絵としても面白く思えます。

さて、それでは、「めそめそ」と「しくしく」どちらが哀れを誘うでしょうか。

「めそめそ」は、現代では〈哀れげに声を殺すように泣く様子〉を表しますが、古くは、「めそめそと空に消えけり春の雪」（『さらば笠』あし丸、一七九八年）のように、〈意気地や勢いのない様子〉をも表しました。この句は、春になったのに、それに抵抗するかのように降り始めた雪が、地上に届くまえに、勢いが失せて消えてしまった、意気地がなかったなあ、という句です。「空に消え」たということは、地上に届かずに消えたのです。

そう言われると、現代の「めそめそ泣く」も、あらがう気力も見せずに、ただ涙に暮れるといったようなイメージも伴います。無力で弱々しく、無抵抗なのです。そして、その「めそめそ」した態度に対して、不快感とまではいかなくとも、少々いらだちの気分があることも見逃せません。「いつまでもめそめそするな」という言いかたがあることが、その証拠のひとつです。

「しくしく」は、現代では、〈哀れげに声をひそめて泣く様子〉を意味するほか、「胃がしくしく痛む」と、〈何度も細かく差し込んでくるような鈍い痛みを感じる様子〉についても用いられます。この「しくしく」の「しく」は、古語の「頻《しく》」と源を同じにするという説もあります。この「頻」は、現代では「しきりに」という言葉のなかに化石のように残っています。意味は、〈細かく繰り返す様子・細かく続く様子〉という意味です。そう考えると、「胃がしくしく痛む」も、胃の鈍い痛みが繰り返し襲ってくるというように理解できます。

とすると、「しくしく泣く」という表現を、現代のわれわれは、「しくしくという声」を立てて泣くというように意識していますが、この表現ができた当初は〈小声で細かく繰り返して泣く〉という意味あいだったと考えると、辻褄があいます。「しくしく」という音には、なんとなく、すすり泣くような響きも感じられますから、後世、理解が変わってしまったものと思われます。

〈弱々しく無抵抗に泣く様子〉の「めそめそ」と、〈哀れげに声をひそめて泣く様子〉の「しくしく」では、どちらが哀れを誘うかと考えたとき、「めそめそ」に対しては、いらだちの気持ちが含まれるということが重要になってきます。「ほら、いつまでめそめそするな」とは言いますが「ほら、いつまでもしくしくするな」は変です。「しくしく」泣かれたら、もうどうしようもないわけです。

少し以前に「しくしく詐欺」というものがあったというニュースを目にしたことがあります。電話の向こうで「しくしく」とすすり泣いて、大金を振り込ませるという手口だったようです。**「しくしく」だから哀れを誘ったので、これが、「めそめそ詐欺」なら、引っかからなかったかもしれません。**それやこれやで、哀れを誘うのは「しくしく」の方だと考えます。

「ほくほく」と「るんるん」どっちの方がいいことあった？

これがうまくいったら、宝くじに当たったようなもんだ、という言い回しがあります。それほど、宝くじは当たらないものと、相場が決まっています。しかし、それだけに、もし高額のくじが当たったら、その喜びは並大抵のものではないでしょう。満面の笑みを浮かべて、**ほくほく**した顔つきになるはずです。こんなふうに、自分にとって、とてもいいことがあったときには、「ほくほく」のほかに、「**るんるん**」した気分にもなります。では、「ほくほく」と「るんるん」では、どちらの方がいいことがあった感じになるでしょうか。

「ほくほく」は、〈いいことがあって、深く満足している様子〉を表すほかに、「ほくほくした焼き芋」のように、〈温かくて適度に水分を含んで口当たりのよい様子〉を意味することもあります。また、古くさかのぼると、「ほくほく居眠りをする」「ほくほくうなずく」のような言いかたもありました。居眠りとうなずく様子を表したことから推測すると、「ほくほく」とは、一定のリズムで体や頭を上下する様子を表した言葉ではなかったかと思えます。そう考えると、「ほくほくした焼き芋」の見方も変わってきます。温かく口当たりのよい焼き芋を口に頬張ると、自然に、あごをはふはふと上下させて味わうことになります。この上下動は、まさに、居眠りや同意の動作と共通します。さらにそうすると、宝くじに当たって「ほくほく」しているというのも、満足して上半身を上下動しているのではないかと思えるわけです。こう見てくると、一見違った意味が寄り集まっていたかにみえる「ほくほく」の世界が、ひとつに結びつきます。

「るんるん」の方は、〈いいことがあって、調子よく浮き立った鼻歌気分でいる様子〉を意味しますが、必ずいいことがあった結果というわけでもなく、これからいいことがありそうな楽しい予感のときにも使えます。なので、〈気分がよくて、自然と鼻歌を口ずさむような様子〉という方が正確です。この言葉は、比較的新しい言葉で、一九八〇年代ぐらいから広まったものだと思っていましたが、「ルンルンルンルン、どこからともなく響いてくるエンジンの音――あれは若《も》しや噂に聞く地底機関車ではないだろうか」(海野十三《うんのじゅうざ》『地中魔』ああ金貨百万弗《ドル》、一九三七年)という例を見つけました。この地底機関車とは、地中に穴を掘りながら進んで行く機械のことなので、「ルンルンルンルン」というのは、岩盤をそぎ落としながら進む音であるように思われます。そうしますと、この機械音は、気分のいい「るんるん」とは異なるものですが、リズムよく進んで行く、という点でみると共通するようにも思えます。

こうしたところから、〈いいことがあって、上半身を上下にゆらしながら深く満足する様子〉が「ほくほく」で、〈いいことがあって、調子よく浮き立った鼻歌気分でものごとが進んでゆく様子〉が「るんるん」と整理できます。とすると、より上機嫌に感じられるのはどちらでしょうか。体を上下にスイングするというのは、納得の気分でもあります。好みの歌などを聴いているときに、自然に体が上下しますが、あれは、満足と納得の入り混じった動作です。この、**いいことがあった喜びを体で現しているということを、やはり重く見たいと思います。鼻歌程度では、この深い満足には及ばない**と考えるわけです。よって、「ほくほく」の方が、いいことがあった度合いが強いと見ます。

「ぎょっ」と「げっ」どっちの方が驚いている？

あるところで、能のお面が売られているのを見たことがあります。「三万三千円か、やはり高いものなんだなあ」と思って、もう一度見直したら、三十三万円でした。桁が違います。**ぎょっ**と驚きました。新品でそれなのですから、古く名のあるお面だと、想像もつかない金額がつくに違いありません。この〈ひどく驚く様子〉を意味する言いかたには、ほかに、「げっ」というものもあります。「**げっ**、そんなに高いのか……」のように。それでは、「ぎょっ」と「げっ」とでは、驚きかたは、どちらの方が激しいのでしょうか。

「ぎょっ」という言葉は、よく、「目の玉が飛び出るぐらい驚いた」という文脈で使われます。目の玉が飛び出るというのは、つまり、それだけ大きく目を見ひらいているということです。さかなクンという、魚にとても詳しいタレントが、テレビで「ぎょぎょぎょぎょっ」と言いながら、大きく目を見ひらくパフォーマンスをしている場面も見かけます。そのとき、字幕で「魚、魚、魚っ」などと漢字で書かれることもありますが、これは、言うまでもなく、さかなクンに引っかけた宛て字で、「ぎょっ」の語源が「魚」であるということではありません。

「ぎょっ」の語源について、インターネット上で、こんな説を見かけました。「ぎょっ」の語源は、中国の古い楽器「敔《ぎょ》」に由来し、この楽器の音が

大きくて、ひとを驚かすほどであったことから、「ぎょっ」が驚くことを形容することになったというのです。この説を見かけたときには、え、そうなのかと、ぎょっとしました。しかし、この楽器が演奏されているところも、やはりインターネット上で見ることができたのですが、そんなに大きな音でもありませんでした。また、楽器の名前がそのまま驚くことの形容になるという点も不審です。たとえば、音のインパクトがある楽器として、シンバルがありますが、「しんばるっ、と驚いた」などと言うでしょうか。もっと素直に、シンバルの音そのものである「ジャーン」などが、まだしも使われるのではないでしょうか。ということから、中国の古い楽器説は、無理があると思います。この説は、ネット上で拡散しているようですので、注意が必要です。

　さて、それでは、「ぎょっ」の語源は、なんなのでしょうか。それを考えるとき、注目すべきは、「ぎょっ」の古い用法として〈食べたものを吐き戻す様子〉を意味するものがあることです。江戸時代の医学用語辞典『病論俗解集《びょうろんぞくかいしゅう》』に「逆」という漢字の説明として、「ぎょっぎょっと、つきあぐることと云義もあるぞ」と書かれています。これは、「逆」には「つきあぐる」つまり、吐き戻すという意味もあると言っているのですが、それを、「ぎょっぎょっ」というオノマトペを用いて説明しているのです。ここからすると、「ぎょっ」と驚くのは〈あまりにも驚いて、内臓が口から飛び出るほどの様子〉ということになるでしょう。それが今では、もう少しおとなしく、〈目の玉が飛び出るほど驚いている様子〉というレベルになっているわけです。

「げっ」の方はどうかというと、面白いことに、これももともとは、〈ものを吐き戻す音や、その様子〉を表していました。「げっ」と驚くときの姿は、口を開いて舌を前の方にせせり出すようにしますが、これはまさに、ものを吐き戻すときのポーズです。「げっぷ」というのも、胃からガスが「げっ」と出て、「ぷ」といったん治まる様子を表したものです。「おえっ」とか「うえっぷ」というものも、ものを吐き戻す様子を表したものですが、これらも、驚きや嫌悪感を表す場合があります。

このように見てくると、**「ぎょっ」と「げっ」には、嘔吐感という意外な共通点が見える**ことがわかり、また、古くから、ひどい驚きの感覚を嘔吐感によって表すというやりかたがあったことも確認できます。ということで、「ぎょっ」と「げっ」とでは、どちらの驚きの方が激しいかを考えると、「ぎょっ」は、もともとの嘔吐感を失っているということがマイナスポイントになりますから、「げっ」の方が驚きは激しいということになります。

2章 体はどう感じてる？

「へとへと」と「くたくた」どっちの方が疲れている？

次から次へと仕事が重なり、休む間もなく働いても、まだ終わらない。そんなとき、「仕事、仕事で、もう**へとへと**だよ」という歎きが、思わず口をついて出てきます。このように、「へとへと」は、〈体がひどく疲れている様子〉を表す言葉としては、「へとへと」のほかに、「仕事、仕事で、もう**くたくた**だよ」というように、「くたくた」もあります。それでは、このどちらの方が疲れている度合いが上なのでしょうか。

「へとへと」は、「長い間歩き続けて、もうへとへとだ」のように、肉体的な疲労についても言えますが、「意味のない下らない助言を受け続けて、もうへとへとに疲れた」のように、精神的な疲労についても言えます。このとき、これらの疲労は、もう限界にまでなっているという感覚がつきまとっているという点にも注目されます。つまり、「へとへと」というのは、もうこれ以上耐えられないほど、肉体的にも精神的にも、疲れ果てているという特性があるわけです。

一般的なオノマトペだと、たとえば、「がたから「がたり」「がたん」「がたっ」「がたがた」「がたつく」のような派生が可能なのですが、「へとへと」の「へと」という要素は、そのような派生形が耳慣れないものです。つまり、「へとり」「へとん」「へとっ」「へとつく」のような派生形が使えず、「へとへと」だけがあるという、面白

いオノマトペなのです。

それでは、この「へと」はなにかと調べてみると、「政治運動に憊《へと》つた伯父が、学資を中絶したので、已むを得ず、一旦郷里へ帰つてゐるうち」（徳田秋聲《しゅうせい》『惰《なま》けもの』二、一八九九年）のように、古くは「へとる」という動詞がありました。意味は〈困り果てる、疲れきる〉というものです。この「へとる」という言葉からは、「へたる」とか「へたばる」という言葉が連想されます。これらも、意味は〈くたびれる〉とか〈力なく座り込む〉のような意味です。

一方、「くたくた」の方は、「へとへと」と同じく、肉体的・精神的な疲労についても使えますが、「長く着続けて背広がくたくたになった」のように、モノの様子についても使えます。この例の「くたくた」を「へとへと」に変えることはできません。また、「くたくた」は、どんなモノにでも使えるかというとそうではなく、背広や紙のように、もともとはぴんとした張りがあったものが、その性質を失ってしまって、くずれてしまった場合に使うというような制約もあるようです。

「くたくた」の「くた」からは、「くたっ」のほか「くたん」「くたり」も派生させて使えるように思います。また、「くたびれる」や「くたばる」の「くた」も、あるいはこの仲間かもしれません。「くたばる」は〈死ぬ〉の意味だからずいぶん違うようにも思えますが、命という張りを失ってくずれおちたイメージを当てはめてみると、両者はそうへだたってもいないのではないでしょうか。

以上のところから、「へとへと」と「くたくた」とでは、どちらの方が疲れている様子を表しているかを判定してみると、**「へとへと」は、さきに述べたように、限界にきている度合いが強いという点を重く見たい**と思います。「ずっと歩き続けて、もうへとへとだ」と「ずっと歩き続けてきて、もうくたくただ」を比べると、やはり「くたくた」の方が、まだ若干、体力気力ともに余裕があるように思えます。

「すやすや」と「ぐっすり」どっちの方がよく眠っている？

一日、平均六時間寝るとします。ちょっと少なめかもしれませんが、一応そういうことにすると、一日二四時間の四分の一寝ていることになります。そうすると、八〇歳まで生きたとすると、二〇年間は寝ていたことになります。つまり、成人まで眠り続けて、そこから起きて、あと六〇年寝ないで過ごしたのと同じです。しかし、考えてみればこんな人生はご免です。六〇年も、あの眠るという至福の時間を過ごすことなく働きづめなんて、バカらしすぎます。

そう、眠りは至福です。特に、本当によく寝て起きたときの爽快感はなんともいえません。「いやあ、**ぐっすり**寝たなあ」と、思わず口に出ます。〈深く眠る様子〉のオノマトペとしては、「子供が**すやすや**と眠っている」のように、「すやすや」があることにも気づきます。「ぐっすり」と「すやすや」、それではどちらの方がよく眠っているように感じるでしょうか。

「すやすや」と「ぐっすり」を比べたとき、まず大きな違いとして気づくのは、「ぐっすり」は自分の経験について言えるのに、「すやすや」は自分のことには使えないことです。「ああ、すやすやとよく寝たなあ」などとは言えません。「ぐっすり」は、自分のことにも、他人のことにも使えるのですが、「すやすや」は、他人のことにしか使えません。とすると、よく寝ている方はどちらかを判定する際も、あくまでも、他人が寝ている状態を描写するときという限定付きになります。「すやすや」は、〈深く眠る様子〉を意味するほかに、「すやすやと寝息を立てて眠っている」のように、〈軽い寝息の音〉そのものを表すこともあります。軽い寝息の音は、「すうすう」とも言いますが、いずれも、安らかな眠りです。ただし、少し前ですと、「低い機関の廻転が子守唄のように彼の耳に通った。為吉の坂本新太郎は暫《しば》らくしてすやすやと鼾《いびき》を掻き始めた」（牧逸馬《まきいつま》『上海《しゃんはい》された男』、一九二五年）のように、イビキについても言えたようで、ちょっと驚きます。

また、「すやすや」が寝息（イビキも含め）を意味するということと、「すやすや」が自分については使えないということとは関連があると思われます。つまり、自分の寝息を睡眠中には聞くことができませんから、おのずと、「すやすや」は、他人の描写に限定されることになります。

「ぐっすり」は、現代ですと、〈深く眠る様子、熟睡する様子〉にほぼ限定されますが、古くは、「財産を息子にぐっすり譲った」のように〈全部残らず〉の意味で用いられたり、「刀をぐっすりと突き刺した」のように〈深々と突き通す様子〉の意味で用いられたようです。このような状況を考慮すると、**「ぐっすり」というのは、本来は〈全部残らず〉とか〈かなり深く〉といった抽象的な意味で、〈深く眠る様子〉というのは、その具体的な表れのひとつ**であると言えます。言わば〈体全体がかなり深く眠る様子〉というのが、「ぐっすり」の本来的な意味であったということになります。

このように言葉の根っこにある意味に立ち帰ってみると、よく眠っているのは、「ぐっすり」であるということになります。〈体全体〉で〈かなり深く〉眠る、というのが決め手です。「すやすや」は、寝息を立てている分、少し眠りは浅いでしょう。とはいえ、「すやすや」には、「ぐっすり」とは違った、静かな幸福感や安心感も感じられ、捨てがたい味があります。

「ごくごく」と「ぐびぐび」

どっちの方が豪快な飲みっぷり？

毎年、梅雨が明けて新緑がまぶしくなるころになると、それまでのじめじめした気候もからっとしたものに変わり、渇いた喉にはビールが恋しくなります。もちろん、それは、酒が飲めるひとの話で、飲めないひとは、なにか別の炭酸系を、ということになるでしょう。また、最近は、いわゆる「取りあえずビール」という風習が必ずしも成りたたなくなり、めいめいがとりあえず好きなものを頼んで宴が始まる、というようになってきているようです。

ビールが飲める向きには、少し大きめのジョッキで喉にたっぷりとビールを流し込むという快感がたまらないというひとも多いでしょう。はたから見ていても、豪快な飲みっぷりに圧倒されることもあります。この描写として、「ビールをごくごく飲む」と「ビールをぐびぐび飲む」を比べたとき、どちらが豪快に感じられるでしょうか。

「ごくごく」も「ぐびぐび」も、ともに〈飲み物を勢いよく喉を鳴らしながら飲む〉という点は共通していますから、普通よりも勢いがよいというところは、間違いがありません。あとは、豪快さという点から、どちらに軍配を上げるかということなのですが、これは「ぐびぐび」の方なのではないかと思います。

まず、「ごくごく」よりも「ぐびぐび」の方が

豪快に感じられるのは、ビールの例だからかもしれないので、ほかの場合も考えてみましょう。「水をごくごく飲む」と「水をぐびぐび飲む」。この場合も、「ごくごく」だと、少量ずつでも言えそうですが、「ぐびぐび」だと、一度に流し込む量が多いように感じられます。それどころか、口のふちから水があふれるほどであるような印象さえ持ちます。

「お茶をごくごく飲む」と「お茶をぐびぐび飲む」。「お茶」を「ごくごく」飲むのは、よっぽど喉が渇いているときでないと、ちょっと品が悪い。ましてや、「ぐびぐび」飲むのは論外なように思われます。逆に言えば、それだけ「ぐびぐび」が豪快だということではないでしょうか。

また、「ごくごく」と「ぐびぐび」の音の違いも、豪快さにかかわるかもしれません。「ご」「ぐ」「び」は濁音です。一般に、濁音で始まるオノマトペは、清音で始まるオノマトペに比べて、重さや激しさを感じさせるものが多いと言えます。「ころころ」と「ごろごろ」、「くらくら」と「ぐらぐら」など、その一例です。「ごくごく」と「ぐびぐび」の場合は、両方とも濁音で始まっていますから、その点では差がありません。しかし、「ぐびぐび」の方は、二番目の音も「び」の濁音です。これが仮に「ぐぴぐぴ」だと、少し勢いがなくなるのではないでしょうか。

実を言うと、一番目の音も二番目の音も濁音であるというオノマトペは、ほかに「ぐだぐだ」「ぐずぐず」などを挙げられはするものの、全体としては珍しいものです。そのような**音感の希少さも、「ぐびぐび」の豪快さを際立たせている一因かもしれません。**

ところで、「ごくごく」は、いつごろのものから知られているかというと、

○「お酌これへとかけ茶碗、息なしに咽ごくごく。ホウ。結構な御酒でござりまする」（『奥州安達原』三、一七六二年）

と、江戸時代の例を見ることができます。意外に古くからあって、しかも、面白いことに酒の例です。一方、「ぐびぐび」は、それよりも少し古く、

○「酒を、まいれと勧むれども、独り、ぐびぐびとは、えのまれざる程に、友人を更に相《あひ》思《おもふ》ぞ」（『三体詩素隠抄』第三・寄友、一六二二年）

のような例を見ることができます。これもまた、酒の例です。ここでは、ひとりで酒を「ぐびぐび」とは飲めないので、だれか一緒に飲んでくれる友人がいればいいと思う、という感慨を述べています。酒は、ひとりだけでは、そうたくさんは飲めるものではないけれども、気のあった友人となら「ぐびぐび」飲めるという感覚は、現代に通じるものがあります。

「ぐでんぐでん」と「べろんべろん」どっちの方が酔っ払っている？

「ぐでんぐでん」も「べろんべろん」も、〈ひどく酒に酔っている様子〉を表すという点が共通するオノマトペです。それでは、そのどっちが酔いの度合いがはなはだしいのでしょう。それを考えるために、文学作品に現れた例を見てみます。

○二三軒のバアへ寄つて、**ぐでんぐでん**に酔つ払つて、大森の家へ帰つたのは夜の十二時過ぎでした。（谷崎潤一郎『痴人の愛』二十、一九二五年）

○ガラツ八は飛んで行きましたが、暫くすると、**ベロンベロン**に醉拂つたお町を引つ擔ぐやうにして伴れて來ました。（野村胡堂『銭形平次捕物控』平次女難・六、一九三三年）

「ぐでんぐでん」は、酔っ払っても「家へ帰った」とある一方、「べろんべろん」は、酔っ払ったお町をガラッ八が「引っ担ぐように連れてきた」とあります。つまり、**「ぐでんぐでん」はまだ歩けるのに、「べろんべろん」は足元がおぼつかないのです。**とすれば、酔いの度合いがはなはだしいのは、「べろんべろん」ということになります。引用した例は、少し古いものですが、現代でも、次のような例が見つかります。

○A氏は、商談が終わると深酒をする悪癖があり、この日もグデングデンになるまで飲んだ。そしてやっとの思いでホテルの部屋に戻り、（山田英夫『ビジネス版　悪魔の辞典』、

一九九八年）

○公園の前を通りかかるとサラリーマンらしき男性がベロンベロンに酔っ払ってベンチの上で寝ています。（Yahoo!ブログ、二〇〇八年）

やはり、「ぐでんぐでん」は、ホテルの部屋に戻れているのに、「べろんべろん」は、ベンチの上で寝てしまっています。イメージ的にも、「ぐでんぐでん」は、ふらつきながらも、まだ上体は起こせているのに、「べろんべろん」は文字通り酔いつぶれている感じです。

「ぐでんぐでん」は、同じような意味を表す「ぐでぐで」という言いかたも思いつきますが、「ぐでんぐでん」の方が、「ぐでぐで」よりも酔いの度合いは上のように思われます。この「ぐでぐで」は、「ぐだぐだ」とも関係があり、「ぐだぐだ」は、「わけのわからないことを、ぐだぐだ言っている」のようにも使います。これは、はっきりとしない言葉でなにか文句を言っていることを意味しています。「ぐだぐだ」との関わりから言えば、「ぐでぐでに酔っている」というのは、酔ってろれつの回らない口調でくだを巻くさまを描写していると説明できます。まだしゃべれる分だけ、なんとか歩くこともできる状態なのでしょう。

一方、「べろんべろん」にも、「べろべろ」という言いかたがあります。「べろんべろん」の方が「べろべろ」よりも酔いの度合いが上であるのは、「ぐでんぐでん」と同じなのですが、「べろべろ」は、酔った様子だけに用いられるわけではなく、たとえば、「犬が皿をべろべろなめる」のように、〈舌でものを念入りになめる様子〉も意味します。「べろんべろんに酔う」という言いかたを聞いたとき、なんとはなしに、スライムのような粘液的にぬめった柔らかさを感じますが、その理由は、この「べろべろ」との結びつきによるものだったのです。「べろんべろん」とは、たわいもなくつぶれている状態なのですから、立ちあがって歩くこともできないわけです。

「けちょんけちょん」と「こてんぱん」

どっちの方が敗北感が大きい?

自信を持って臨んだプレゼンテーションで批判が殺到、散々な目にあって、あとで、「いやあ、今日は**けちょんけちょん**にやられてしまったよ」と肩を落とす。「けちょんけちょん」は、〈精神的に立ち直れないほど、ひどい目にあう様子〉を表しますが、同じような意味で「**こてんぱん**にやられてしまった」とも言います。

それでは、「けちょんけちょん」と「こてんぱん」、はどちらが、「やられてしまったなあ」という敗北感が大きいでしょうか。

「けちょんけちょん」とは、どういう由来の言葉なのかを考えるとき、オノマトペは、規則的に造られているものが多いということを思い出してみます。たとえば、「かた」という基本素材に、撥音「ん」を付けると、「かたん」ができ、さらに繰り返すと「かたんかたん」が生まれます。撥音「ん」が付くことで、「かた」という音が鳴ったあとの余韻のようなものが感じられます。

同じ理屈で、「けちょんけちょん」を見てみますと、「けちょ・ん」のように切れそうです。そうすると、「けちょ」とはなにかということになります。この「けちょ」は、現代の標準語ではあまり耳慣れない言いかたですが、方言では、「けちょけちょ」という言いかたがあり、長野では、〈こせこせする様子・そわそわする様子〉で、山形では〈いらいらしてしかりつける様子・口やかましい様子〉で用いられたようです。このようなことを参考にして、「けちょんけちょん」の意味を考えると、〈口やかましくしかりつけ、こせこせさせる様子〉というものが浮かび上がってきます。つまり、「けちょんけちょん」とは、執拗な攻撃を繰り返して、対象を粉々にしてしまう、というイメージだと思われます。

「こてんぱん」はどうでしょうか。「こてんぱん」は、明らかに「こてん」と「ぱん」に分けられますから、「こてん」の方から考えてみましょう。〈徹底的にやっつける様子〉を意味する「こてんこてん」という言いかたもあります。これも、「けちょん」と同じ理屈で「ん」をはずすと「こて」というものが見えてきますが、これを繰り返した「こてこて」は、〈やり過ぎなほど多量な様子〉を意味します。「整髪料をこてこてに塗りつける」と言えば、髪がてかてかに光るほど整髪料を塗りつけている姿が思い浮かべられますし、「こてこての関西弁」という言いかたも、やり過ぎなほどのどぎつさを感じるほどの関西弁、という意味です。さらに、「こてんこてん」からは、撥音「ん」が付くことによって、「こてこて」と塗り込めたあとの、これでもかという執念深さが感じられます。ということで、「こてん」が〈徹底的にやっつける様子〉の意味になることが理解できます。

それでは、「こてんぱん」の「ぱん」はなにか。これは、徹底的にやっつけておいて、最後に「ぱん」と仕上げる音、と見ます。**一丁上がりという気分で、相手やものをぱんと平手でたたく姿は、よく見かけるしぐさです。つまり、「こてんぱん」の「ぱん」は、とどめの一撃なのです。**

〈粉々になるまでひどい目にあう様子〉の「けちょんけちょん」と、〈徹底的にやっつけて、最後にとどめを刺す様子〉の「こてんぱん」、やられた側にしてみると、どちらが敗北感が大きいかを考えてみます。すると、やはり、粉々になってしまう方が回復不能ですから、「けちょんけちょん」だと思います。なにしろ〝粉砕〟ですから。

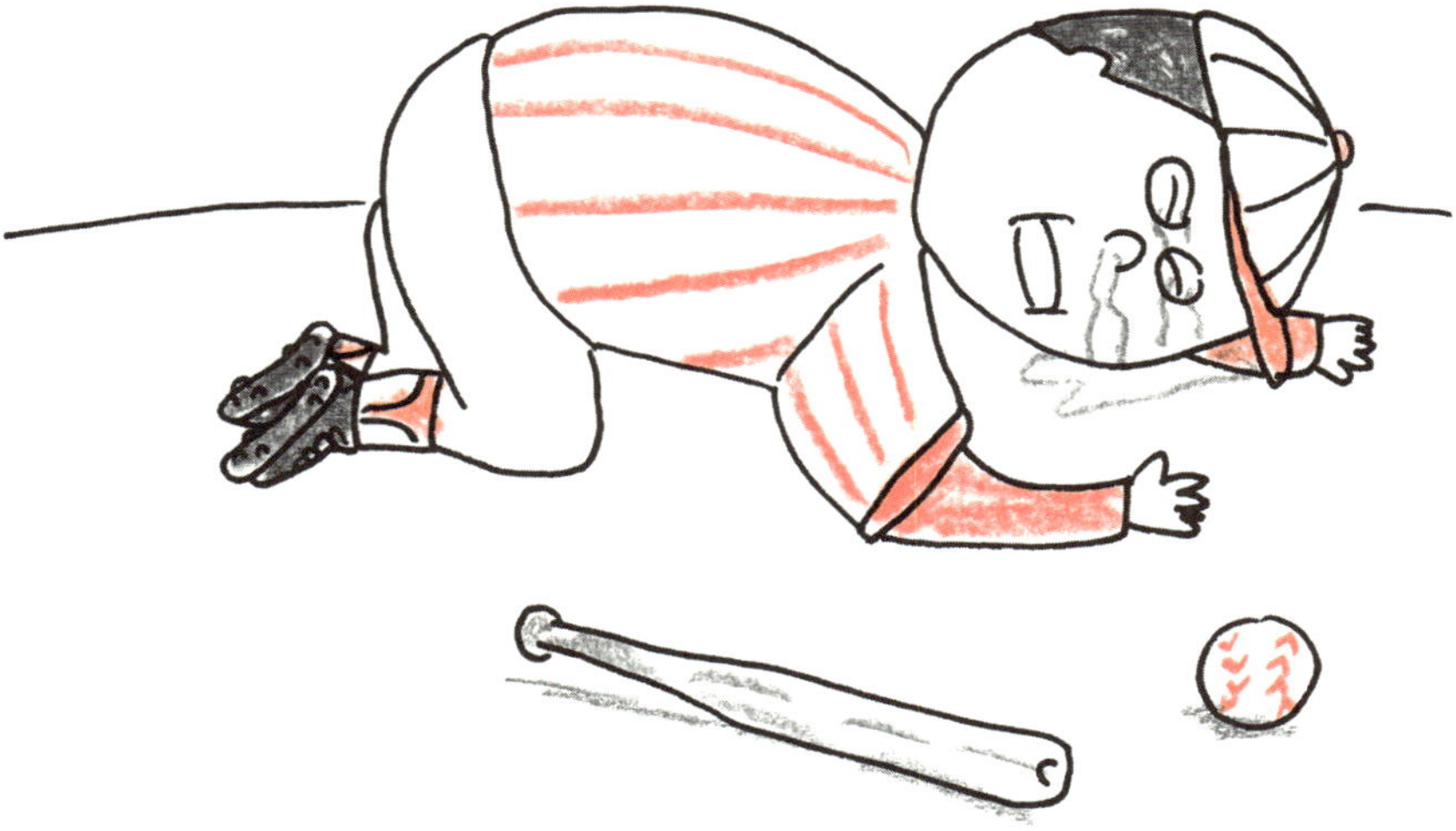

「しくしく」と「きりきり」どっちの方が重症？

痛みを表すオノマトペが、日本語には数多くあります。「ずきずき」「ひりひり」「きりきり」「ぴりぴり」「ちくちく」「がんがん」「しくしく」「じんじん」……。現在、このような痛みを表すオノマトペを、医学的に診療と治療に役立てようとする動きもあります。痛みを表すオノマトペには、お医者様も注目しているのです。

ですから、「しくしく」と「きりきり」のどちらが病気として重症なのかは、最終的にはお医者様に判断してもらわなければならず、素人判断は慎まなければなりません。――ということを前提にして、「しくしく」と「きりきり」は、痛みのどのような特性を表すものなのかを考えていきます。

「しくしく」や「きりきり」と痛む体の場所としてまず思いつくのは、お腹や胃のあたりですが、頭痛や、筋肉痛、さらには、歯の痛みについても使えそうです。要するに、かなり広い部位について言えるという特徴があります。

まず、お腹や胃の場合の感覚について考えてみます。「お腹が**しくしく**痛む」という場合、痛みはたしかに感じますが、そうひどくはなく、痛みそのものよりも、むしろ痛みによる不快感の方が感覚的には勝るのではないでしょうか。神経にさわる感じです。

それに対して、「お腹が**きりきり**痛む」は、

痛みそのものがひどく、局所的にえぐり込んでくるような感覚です。たとえば、これから大勢の前で話をしなければならないなどというときに、極度の緊張感で、お腹や胃に耐えがたい痛みを感じます。これが「きりきり」です。

まとめると、「しくしく」は、痛みそのものはまだ我慢はできるが不快感が勝り、「きりきり」は痛みそのものがひどく、我慢できないほどであることが多い、ということになります。そして、この違いは、頭痛や歯痛にも、基本的に当てはまりそうです。歯が「しくしく」痛む分には、まだ、歯を磨いてみるとか、洗口液でぶくぶくやるとかで、なんとかしのげないかと淡い期待を抱きますが、「きりきり」痛むと、歯医者さんに行く覚悟をする必要があります。

ところで、「しくしく」も「きりきり」も、痛みだけを表すオノマトペではないことにも気づきます。「しくしく」泣くと言えば〈哀れげに泣く様子〉を表します。「わあわあ」や「ぎゃあぎゃあ」と泣くのに比べると勢いはありませんが、それだけに恨みも深そうです。この、勢いは弱いかもしれないけれども綿々と続くやりきれなさというのは、痛みの「しくしく」とも共通するようです。

一方、「きりきり」も、「罪人をきりきりと縛りあげる」とか「弓をきりきりと引く」のように〈力をこめて厳しく引きしぼる様子〉を表します。このしぼりあげるような厳しさが、痛みの「きりきり」と共通するところです。胃が「ちくちく」と痛いのは、錐のような細く鋭いもので刺される痛さなのですが、「きりきり」は、胃全体を細いひもで縛りあげられるような痛さで、なんだか書いているだけでもあのつらい感じがわき起こってきそうです。

「しくしく」と「きりきり」、どちらが重症かというと、**痛くて我慢できないという点では「きりきり」、不安な気持ちがずっと続くという点では「しくしく」**です。とすれば、肉体的な重症は「きりきり」、精神的な重症は「しくしく」ということになりましょうか。引き分けです。

「がんがん」と「ずきずき」どっちの方がつらい頭痛？

季節の変わり目は、寒暖差が激しく、体調がくずれやすくなります。朝起きたとき、なにか調子がおかしく、頭がずきずきする。寝ているうちに冷えたのだろうかと思っても、後の祭り、つらくてたまりません。この〈ひどい頭痛がする様子〉を意味する言いかたには、「ずきずき」のほかに、「がんがん」もあります。「二日酔いで、頭ががんがんする」のように。「がんがん」と「ずきずき」、はっきり言って、どっちもつらくてたまりません。どっちがつらい頭痛と言えるかなんておちおち考えてもいられず、無理に考えると頭が痛くなってきます。

「がんがん」は、〈ひどい頭痛がする様子〉を意味するほかに、「鐘をがんがん鳴らす」のように、〈やかましくたてる音〉を表す用法があります。また、「上司にがんがん文句をつける」のように、〈激しい勢いでものごとをおこなう様子〉も意味します。「ドラムをがんがん叩く」だと、〈大音量〉と〈勢い〉の両側面が感じられます。というところを考え合わせると、〈ひどい頭痛がする様子〉を意味する「がんがん」は、〈大音量が頭のなかで鳴り響く〉イメージ、あるいはもっと、〈頭をひどくなぐりつけられる〉イメージと結びついていると思われます。ここまで何度か述べたとおり、オノマトペの特性のひとつに、清音と濁音の対立があり、清音は〈高・軽・小・明〉などのイメージがあるのに対して、濁音は〈低・重・大・暗〉などのイメージがあることが知られています。それで考えると、「かんかん」は高く鳴り響く明るい音、「がんがん」は低く鳴り響く暗い音、ということがよく理解できます。面白いのは、頭痛については「かんかん頭が痛い」とは言わないことです。なってうれしい、明るく軽い頭痛などない、ということなのでしょう。

「ずきずき」は、〈ひどい頭痛がする様子〉だけではなく、「傷口がずきずきと痛む」「虫歯がずきずきとうずく」のように、傷や病巣から〈脈打つように痛みが伝わってくる様子〉に広く用いられます。つまり、「ずきずき」は〈脈打つ痛み〉を一般的に表していて、頭痛はそのひとつということになります。脈打つ痛みは、神経にも響くので、それだけつらさも増します。さきに述べたオノマトペの清音と濁音の対立について言うと、濁音「ずきずき」に対応するのは、「すきすき」のはずですが、「すきすきと頭痛がする」とは言いません。また、「ずきずき」は、古くは「づきづき」とも書かれたということですから、「つきつき」としてみても、「虫歯がつきつきと痛む」とは、やはり言いません。痛みの「ずきずき」は、始めから濁音だったということになります。つまり、**「ずきずき」は、「がんがん」同様、重い痛み専用に造ったオノマトペ**ということになります。

〈大音量が頭のなかで鳴り響くような、または、頭をひどくなぐりつけられるような頭痛がする〉「がんがん」。〈脈打つような頭痛がする〉「ずきずき」。**どちらがつらいかというと、やはり、〈大音量〉や〈ひどくなぐりつける〉というようなところが決め手になって、「がんがん」の方だと思います。**ただし、つらい、というのにはさまざまな側面があります。痛みの強さによるつらさという点からは、「がんがん」で間違いないでしょう。しかし、神経に響いてくるような不快さという点からは、「ずきずき」と脈打ってくるつらさも耐えがたいものがあります。とにかく、どっちもご免です。

「しーん」と「ひっそり」

どっちの方が音を感じない？

「しーん」というのは不思議な言葉です。この言葉は、〈音がまったく聞こえない様子〉を表します。しかし、「しーん」には、まぎれもなく「シーン」という発音があります。つまり、音のない様子を、他ならぬ音をつかって表しているのです。哲学的というか、なんというか、まるで禅問答のようでもあります。

　この「しーん」という言葉は、手塚治虫が発明したのだという「伝説」があります。「しーん」は、音の絶えた様子を表す言葉として、手塚治虫が日本で初めて造ったのだ、と。しかし、これはちょっとまぎらわしい話です。まず、「しーん」を造ったかどうかについては、すぐに答えが出ます。「しーん」は、宮澤賢治も使っていますし、それよりさらに前の使用例も見つかるからです。そもそも、このようなオノマトペの発明者を特定できることは、まずないと言っても過言ではありません。

「しーん」の歴史は最後に回して、話を手塚治虫に戻します。手塚治虫の漫画に「しーん」というオノマトペはたしかに出てきますし、手塚治虫自身、「音ひとつしない漫画の場面に、しーんを描き込むのは自分が始めた」と証言しているようです（『マンガの描き方―似顔絵から長編まで』光文社）。しかし、漫画に「しーん」を初めて描き込んだということと、「しーん」という言葉そのものを造ったということは同じではありません。手塚治虫は、漫画の技法に限定して言っていたのに、いつの間にか「しーん」の発明者にまつりあげられてしまっているわけで、そう言う意味では、ひいきの引き倒しで、かえってお気の毒にも思います。

さて、この「しーん」に近いオノマトペとして、「ひっそり」を挙げることができます。「ひっそり」も、「帰宅してみると、家のなかはひっそりとしていた」のように、〈物音ひとつない様子〉を表します。この「しーん」と「ひっそり」の違いを考えるために、次の例文で、それぞれ自分がどこに立って言っているのかをイメージしてみてください。

○屋敷は、**しーん**と静まりかえっていた。

○屋敷は、**ひっそり**と静まりかえっていた。

どうでしょうか。

「しーん」は、屋敷のなかにいないと言えないのに、「ひっそり」の方は、屋敷を外から見たときにも言えるということに気づきます。たとえば、これをもっと長くして、「広い芝生の向こうに見える屋敷は、ひっそりと静まりかえって、探偵の到着を待っていたかのようだった」などという描写も可能です。つまり、「しーん」は純粋に音がしない様子を表すのに対して、「ひっそり」は、音がしない状況に加えて、対象そのものがなにか寂しげに落ち着いた様子であることをも表現するようです。

また、「オーケストラが演奏を開始すると、聴衆はしーんと静まりかえって聴き入った」というような言いかたも可能であるところからすると、コンサート会場全体としてみれば（演奏の）音が存在しても、ある一部分に音がなければ「しーん」を使うことができるということもわかります。これは「オーケストラが演奏を開始すると、聴衆はひっそりと静まりかえって聴き入った」でも成りたちますから、「しーん」も「ひっそり」も、全体のなかのある一部の音がないことについて言えることになります。

しかし、「しーん」と「ひっそり」では、やはり違いが現れてきて、**「ひっそり」だと、前述のような〈寂しげに落ち着いた様子〉が含まれる**ことから、オーケストラの演奏している曲目も、寂しさの漂うような、たとえば鎮魂歌《レクイエム》ようなものなのではないのかという想像さえできてしまいます。このようなことから、「しーん」と「ひっそり」では、「しーん」の方が音を感じないということが言えそうです。

ところで、「しーん」というオノマトペはいつごろからあるのかというと、意外に最近で、二〇世紀初めごろからの例が見つかっているようです。さきに触れた宮澤賢治も、それに続き、有名な『風の又三郎』『セロ弾きのゴーシュ』などをはじめとして、ごく初期の作品から多くの例を見ることができます。

この「しーん」は、現代でも「教室に入ってみると、みな、しんとしていた」などのように〈音がまったく聞こえない様子〉の意味で用いられる「しん」のあいだに伸ばす音（長音）を入れたもので、「しん」の方は、江戸時代の一七世紀にまでさかのぼります。

「しん」と「しーん」を比べてみると、ともに〈音がまったく聞こえない様子〉を表しますが、「しーん」の方は、「しん」よりも時間的にも空間的にも広がりを感じさせます。「教室は、最初、しんとしていたかと思うと、急に笑い声に満ち、そしてまた今度は、しーんと静かに落ち着いた」としてみると、「しん」と「しーん」の感覚の違いが感じられるのではないでしょうか。

もとのオノマトペのあいだに長音を入れて時間的・空間的な広がりを感じさせるものは、ほかにも、「かん」と「かーん」、「ぽん」と「ぽーん」のようなものを挙げることができます。「しん」と「しーん」のあいだには、三〇〇年ほどの時間差があるようなのですが、長音をあいだに入れる工夫だけで、ずいぶん時間がかかったようにも思えます。

「げほげほ」と「ごほごほ」どっちの方が具合が悪い？

今から五〇年ほど前、私の子供のころは、マスクは特別なものでした。病気であることをはっきりと表していて、しかも、結構重いことが見てとれるものでした。また、健康なのにマスクをしているひとは、どことなく胡散《うさん》臭く、顔を見られたくないような後ろ暗いことをしているのではないかなどとつい邪推してしまうのでした。

しかし、今、マスクは普通です。なんの警戒の必要もありません。そして昔と違って、今は、マスクをしていても病気かどうかはわかりません。マスクは、予防のためのものでもあるからです。しかし、マスクをして咳き込んでいるところを見れば、具合が悪いということはわかります。

冬の電車のなか、右手の方を見たら、背中を丸めるように**「げほげほ」**しているひと。背後で、マスクの上に握りこぶしを作って**「ごほごほ」**いっているひと。いかにも具合悪そうです。そのほかにも、「ううんっ」と痰がからんでしまったようなひと。「おほんおほん」と空ぜきをしているひと。「へっくしょい」と大きなくしゃみするひと。なんなんだこの車両は、と思いつつも、特に注意すべきは、「げほげほ」と「ごほごほ」のひとではないかと思います。そういうひとが周りにいたとき、このどちらを警戒すればいいのでしょう。

「げほげほ」は、激しい咳が喉の奥の方から止まずに出てくる声を写し表したものです。あまりにつらくて、涙がにじむこともありますし、場合によっては嘔吐感を伴なったりもします。「げほげほ」の「げほ」は、ほかに「げほん」のような派生はしますが、「げほり」「げほっ」のようなものは、あまり耳にしません。「げほん」も、これ単独で使うよりも、「げほんげほん」の方が普通の気もします。つまり、「げほげほ」は、この激しい咳の音と、それにみまわれて苦しい様子を特に表すために使われているのです。

「ごほごほ」は、咳き込むときの声のほかに、「ごほごほいふ小川の水　これは又生れて初めて聞く小川の音だ」（室生犀星《むろうさいせい》『愛の詩集』「街と家家との遠方」、一九一八年）のように、激しく流れる水の音についても用いることができます。音のイメージは、水の泡も時折からむような、少しくぐもったような感じです。咳き込む声のときも同じで、「ごほごほ」咳き込む声は、少し暗い音のイメージです。新撰組の沖田総司が咳き込むときも、「ごほごほ」です。ここまでくると、なにか薄幸なイメージさえ漂います。

「げほげほ」と「ごほごほ」のどちらが具合が悪いかを考えるとき、やはり、**「げほげほ」は、わざわざ、激しい咳を言い表すために特に造った言葉だということを見逃すわけにはいきません。**そういえば、沖田総司が、ふだんから「げほげほ」いっているとすると、ちょっと病状が心配です。というか、沖田総司は、ふだんは「ごほごほ」いうから薄幸なイメージがまとわりつくので、「げほげほ」というと、ちょっとイメージが崩れます。しかし、その沖田も、戦闘のときの激しい立ちまわりで体調を崩して、一時的に「げほげほ」いうのは絵になるでしょう。ということは、やはり、沖田にとっても、「ごほごほ」よりも「げほげほ」の方が具合が悪いということになります。

これからは、乗り物で「げほげほ」いっているひとを見たら、うつすなよと思わず警戒するのは、人情として無理もないことでしょうが、そこまでつらいのに仕事に出なければならないことへの、いたわりのまなざしも持とうではありませんか。

「ぴんぴん」と「しゃんしゃん」どっちの方がご壮健？

日本は世界に冠たる長寿国です。二〇一五年の統計（厚生労働省「簡易生命表」）では、香港に次ぐ世界第二位です。よく、日本のどの都道府県が平均寿命が長いかなどという数値を根拠に、住むんだったらこの県がいいなどという記事を見かけますが、よく見ると、最高と最低の差は、二〜三歳程度です。三年はやはり大きいというようにも思えますが、全体から見るとそう変わらないとも思えます。ただ、平均寿命が長くとも、健康に暮らせなければ困ります。しかし、見るからにお元気なご老人が、周りを見れば多くいらっしゃいます。知り合いのかたなのですが、八〇歳近い年齢で、アマチュア相撲の選手として現役、しかも、最近始めたスポーツがレスリングという信じられないひともいます。そのような〈年齢を重ねても、壮健な様子〉を言い表す言葉として、よく聞くのは「矍鑠《かくしゃく》」という言いかたです。これは、れっきとした漢語、すなわち音読みの言葉です。「矍」は〈盛んな様子〉、「鑠」は〈光り輝く様子〉を意味する漢字です。つまり、「かくしゃく」とは、〈勢いと輝きがある様子〉なのです。

〈年齢を重ねても、壮健な様子〉を意味する、もう少しくだけた言いかたとして、「この年になっても**ぴんぴん**しています」とか「あの年でも、まだまだ**しゃんしゃん**してるよ」と言うときの、「ぴんぴん」や「しゃんしゃん」という言葉もあります。このふたつを比べると、どちらの方が壮健な感じを受けるでしょうか。

「ぴんぴん」は、〈壮健な様子〉を意味するほかに、「魚がぴんぴんと活きがいい」のように、〈勢いよく跳ね上がる様子〉を表します。この「ぴんぴん」は、詳しく言うと、〈跳ね上がるような活気のある様子〉とすることができます。しっかりとした筋力があるイメージです。また、「ぴん」だけでも、「ぴんとしたヒゲ」のように、やはり、跳ね上がるイメージがあります。さらに、「ぴんぴん」は、老人についても言えますが、年齢の制約はなく、「同級生が骨折したのでお見舞いに行ったら、がっくりしているどころかぴんぴんしていた」のようにも使うことができます。

「しゃんしゃん」は、〈壮健な様子〉のほかには、鈴のようなものが鳴るときの、高く小うるさい感じの音や、手を打ち合わせる音にも使うことができますが、これらは、〈壮健な様子〉と直接には関係しないものと思われます。「しゃんしゃん」の「しゃん」は、「しゃんと背を伸ばす」のようにも使える、体やものごとが〈筋が通って真っ直ぐな様子〉を意味するものです。つまり、「しゃんしゃん」は、〈背筋がしっかり通って、壮健な様子〉を意味するということになります。「ぴんぴん」は若者にも使える言葉でしたが、「しゃんしゃん」の方は、若いひとには使いづらいと思われます。「大学の同級生の鈴木さんは、しゃんしゃんしたひとだよ」と言えば、「その鈴木さんは、定年後の社会人入学のひと?」と聞き返されそうです。

〈跳ね上がるような元気があって、壮健なこと〉を意味する「ぴんぴん」と、〈背筋がしっかり通って、壮健なことを〉を意味する「しゃんしゃん」。どちらが壮健かというと、**「しゃんしゃん」が〈年がいっている割には〉というような制約が付くのに対して、年齢の制約が付かない「ぴんぴん」は、〈若者とそう変わらず・若者にひけをとらず〉というニュアンスさえただよう**ことを考えると、ここは、やはり「ぴんぴん」だということになります。

「つるつる」と「すべすべ」
どっちの方が肌がなめらか?

電車のなかで、お母さんに抱かれている赤ちゃんのほっぺたが目に入り、おっ、と思うことがあります。どうして、あんなにふっくらとしたつやと張りがあるのか。その肌のなめらかなことを、なんと言うべきか。「ほっぺたが、**つるつる**で愛らしい」でしょうか。しかし、「ほっぺたが、**すべすべ**で可愛い」という言いかたもありえます。このように、〈肌がなめらかな様子〉を表す言いかたには、「つるつる」と「すべすべ」がありますが、ふたつを想像して比べると、微妙に手触りが異なるような、そんな繊細な感覚がわき起こります。このなめらかさの違いを探ってみましょう。

「つるつる」は、〈肌がなめらかな様子〉を意味するほかに、「夜降った雪が朝凍り、つるつるして怖い」のように、〈ものの表面がすべりやすい様子〉を表したり、「仕事がつるつると進んでありがたい」などのように、〈なんの滞りもない様子〉を意味したりします。この「つるつる」は、たとえば、「うどんをつるつるとすする」のような、表面がなめらかな麺というイメージもあります。「つるつる」は、表面がなめらかであれば、陶磁器だろうが、銅の茶筒だろうが、鏡だろうが、なんでも使えます。また、「つるつるに凍った道」と言えば、なめらかさのほかに、光沢も感じられ、その点で「つるつる」には視覚的なイメージもあります。

「すべすべ」は、〈肌がなめらかな様子〉を意味するほかに、「絹織物のすべすべした生地」のように、布などの〈表面の手触りがなめらかな様子〉を表します。また、古くさかのぼると、室町時代の連歌を論じた本のなかに「幽玄なる詞は、さはさはすべすべと聞こゆる也」（『十問最秘抄《じゅうもんさいひしょう》』、一三八三年）のような例も見えます。「幽玄」という言葉は、中世の文学意識を表す語として、高校の古典などでも教えられる有名な言葉ですが、室町時代のひとびとが、それを「さわさわすべすべ」のように感覚的に捉えていたことには驚きます。さらに、「すべすべ」は、手による触覚と結びついていることにも注意されます。「廊下を足で触ったら、すべすべだった」というのは、違和感を感じます。足で触ったのなら、「つるつる」ではないかと思います。もちろん、「廊下に手を触れたらすべすべだった」のように、手で触るのであれば「すべすべ」が使えます。

〈表面がなめらかで、光沢が感じられる様子〉を意味する「つるつる」と、〈手触りがなめらかな様子〉の「すべすべ」。肌について言ったときには、どちらがなめらかな感じを与えるでしょうか。このとき、ネットなどでは、「つるつる」の肌は、しばしば「たまご肌」という言いかたと結びつくことが多いことに気づきます。この「たまご」とは生卵のことではなく、茹で卵です。茹で卵から殻を取ったときの、あの、しっとり白く張りのある肌が、「たまご肌」です。「すべすべ肌」も、たまごと結びつくことはなくもありませんが、そう多くはないようです。たしかに、**茹で卵の白味部分を視覚的に「つるつる」と言うのは実感通りですが、「すべすべ」というと若干違和感を感じます。これは、「すべすべ」が手の触覚と結びついているからでしょう。**

「つるつる」と「すべすべ」では、どちらの方が肌のなめらかな感じを与えるかと言うと、〈光沢〉つきで茹で卵のイメージも加わる「つるつる」ということになります。

「ぱくぱく」と「もぐもぐ」どっちの方が幸せそう?

ものを勢いよく、美味しそうに食べているひとを見ると、微笑ましくなります。美味しかったら、素直に美味しいと表現してもらった方が、作っている側にとっても張り合いがあって、うれしいと思います。「出てきた料理を、次々に**ぱくぱく**と食べる」――勢いがあります。ちょっと品はないかもしれませんが、遠慮のない場であれば問題ないはずです。「お饅頭を、**もぐもぐ**と頬張る」――これには食べる勢いは感じませんが、美味しいものを口いっぱいに入れた幸福感が伝わってきます。これも、少々品のない食べかたかもしれませんが、会席料理をもぐもぐ食べているのでなければ構わないでしょう。「ぱくぱく」と「もぐもぐ」、食べかたのスタイルは異なりますが、食べる幸せが伝わってきます。では、どちらの方が、その幸せ感は強いのでしょうか。

「ぱくぱく」は、〈ものを勢いよく食べる様子〉を意味するほか、「水槽のなかで魚が口をぱくぱくしていた」のように、〈口を大きく開け閉めしている様子〉や、「蓋の留め金が壊れてぱくぱくしている」のように、〈締まりなく開いたり閉じたりする様子〉を意味する用法があります。これらの「ぱくぱく」に共通するものは、〈合わせ目が大きく開いたり閉じたりする様子〉ということです。〈ものを勢いよく食べる様子〉を表す「ぱくぱく」は、もとを尋ねれば、〈ものを食べるために、さかんに大きく口を開け閉めしている様子〉を描写していたことになります。かなり現実的な仕草を表していたものが、いつの間にか、勢いを表す方に重点が置かれるようになったわけです。そういえば、〈深く満足している様子〉を意味する「ほくほく」も、もとをただすと、〈上体が何度も上下する〉仕草を言い表していたものが、気持ちを表す方に重点が移った言葉でしたが、それととても似ています。

「もぐもぐ」は、〈口のなかの食べ物を、あまり口を開けずにかんで味わう様子〉を意味するほか、「彼は、口をもぐもぐさせて言いよどんだ」のように、〈口元をあまり開けずに言葉にならないことを言う様子〉や、「祖父は入れ歯のない口をもぐもぐさせていた」のように、〈口を開かずにあごを上下に動かす様子〉を意味します。これらの「もぐもぐ」に共通するのは、〈口をあまり大きく開かずに、あごを動かす様子〉です。**「もぐもぐ」も、もとをただせば、口のなかでものをかむ描写というよりも、外から見た口やあごの動きを描写していたのです。**

〈口を大きく開け閉めしながら、勢いよくものを食べる様子〉の「ぱくぱく」と、〈口を大きく開かずに口のなかで食べ物を味わう様子〉の「もぐもぐ」では、どちらが幸せ感が強いでしょうか。勢いという点では、「ぱくぱく」の方がはるかに上です。それでは、勢いさえあれば、幸せ感は強いのでしょうか。そこは、簡単には言えないのではないでしょうか。幸せとは、心にじんと伝わってくるものです。次から次へと食べているという達成感とも違います。

「もぐもぐ」には、食べ物を自分の口のなかに取り込んで逃がさないというイメージがあります。大好きなものが、全て口のなかにある満足感。そういえば、「もぐもぐ」の口の動きは微笑みの顔つきにも似ています。だから、どちらかというと、「ぱくぱく」食べているひとよりも、「もぐもぐ」食べているひとの方に、好感を抱くのではないかとも思います。つまり、判定は、「もぐもぐ」です。

オノマトペの組み立てかた

オノマトペは、ある要素をもとに、決まった要素を加えて派生させたものと、まったく独自の感覚で造り上げたものとに、大きく分けることができます。

たとえば、「びく」という要素は、「り」、「っ」（促音）、「ん」（撥音）を後ろに加えて「びくり」「びくっ」「びくん」というオノマトペを造ります。また、「びく」を二回繰り返して「びくびく」、「びく」のあいだに入ったり、後ろにきたりして、「びっくり」「びっくん」も造ります。「びく」という要素をもとにして、あっという間に、六種類のオノマトペが出来あがりました。

後ろに加える

びく → びくり
　　　 びくっ
　　　 びくん
　　　 びくびく

あいだと後ろに加える

びく → びっくり
　　→ びっくん

「びっくり」から「びく」が取り出せるということは、ちょっとびっくりかもしれませんが、こう考えると、「びっくり」と、ほかの「びく」系オノマトペとのつながりが見えてきます。たとえば「びくっ」は、〈身を激しく震わせる様子〉という意味ですが、「びっくり」も、〈身を震わせたり、大きくのけぞったりするほど驚く様子〉という意味ですから、関連性が見てとれます。

こう考えると、さらに、「しんなり」から「しな」、「ぐんにゃり」から「ぐにゃ」、「ぱっくり」から「ぱく」、「がっつり」から「がつ」が、それぞれ取り出せます。「がっつり食べる」などというときの「がっつり」は、最近耳にするようになったオノマトペですが、「がつがつ（食べる）」や「がつんと（意見する）」などと結びつけてみると、「がっつり」の持っている〈ちょっと品がない様子〉や〈パンチが効いている様子〉というニュアンスが関連していることに気づきます。急に現れたように見えたオノマトペでも、実は、法則的に造られていたのです。

もうひとつの、独自の感覚で造り上げたほうとして、たとえば、宮澤賢治の『貝の火』に出てくる「カン、カン、カンカエコ、カンコカンコカン」のようなものを挙げることができます。これは、釣鐘草が鳴る音を表現したもので、「カン」が基本的な要素のようにも見えますが、右に述べたような方法で説明することはできません。

3章
こんな態度
あんな仕草

「こつこつ」と「せっせと」 どっちの方が真面目に取り組んでる？

日本人は真面目な民族だと、よく言われます。真面目という美徳は、さまざまな面を持っています。正直であること、偉ぶらないこと、逃げずに正面から受けて立つこと……。いろいろと数えあげていくことができます。そして、そのひとつとして、少しずつ、しかし途絶えることなくものごとを進めていくことも含まれます。つまり、すぐにあきらめたりせず、投げやりにならないというところが、真面目だという評価につながるわけです。

そんな真面目さで、私がすぐに思いつくのは、受験生、職人さん、アスリートなどです。受験生は毎日少しずつの勉強を欠かさず努力します。職人さんも細かい仕事を積み重ねて、大きな作品や精巧な作品を作り上げていきます。アスリートも、自分の記録や成績を伸ばすために、毎日の小さな努力を惜しみません。

そうした姿を表すオノマトペに「こつこつ」と「せっせと」というものがあります。このどちらが、より真面目に取り組んでいる様子を表すのでしょうか。

○こつこつと受験勉強に取り組んだ。
○せっせと受験勉強に取り組んだ。

このふたつを比べると、「こつこつ」は、一回に進む量は少ないかもしれないけれども、かなり長い期間取り組んでいるように思われるのに対して、「せっせと」の方は、積極性と懸命さが伝わってくるように思います。

たとえば、二〇〇頁もあるような問題集。「こつこつ」だと、一日に二頁ずつと決めて解いていって一〇〇日かけてやり遂げるというようなまさに地道なイメージなのですが、「せっせと」だと、今日は気分が乗っているから、少し多めにやってみようかなと思う日があってもいいような感じです。つまり、「こつこつ」は一定のペース配分があり、「せっせと」にはそれがないのです。

そういえば、『かあさんの歌』という曲には「こがらし吹いて　冷たかろうて　せっせと編んだだよ」というフレーズがあります。母さんは、寒さで手が凍えないようにと、子供のために手袋を編んでいるのですが、毎日編む分量を同じにしていて、そこまで編んだら、はい終わり、みたいにしているとは思えません。そうではなく、できるだけ多く編みたいのだけれど、今日は昼間の仕事で疲れているので、心ならずも今夜はこれまで、みたいなストーリーを想像します。この歌詞を仮に「（手袋を）こつこつ編んだ（だよ）」にすると、仕事はきちんとこなしていて、その点の真面目さは伝わってきますが、子供へのひたむきな思いが「せっせと」に比べるといまひとつ伝わってこないように思えます。

そう考えてくると、**「こつこつ」は仕事そのものに対する真面目さ、「せっせと」はその仕事の結果が及んでいくものへの真面目さ、誠実さなのではないか**と思えます。とすると、前に見た「せっせと」受験勉強をするというのも、その結果が返ってくる自分のためなのかもしれません。「こつこつ」「せっせと」のどちらが真面目なのかと問われたとき、その真面目さというのは仕事に対する方なのか、それともその仕事がもたらす相手の方なのかと逆に問いたくなります。そして、その答えによって、「こつこつ」が上なのか「せっせと」が上なのかが決まると思います。

ところで、「こつこつ」には、たとえば、「扉をこつこつと叩く音が聞こえた」というような擬音語の場合もあります。この「こつこつ」と、「こ

つこつ勉強する」とはどういう関係があるのでしょうか。結論から言うと、「こつこつ勉強する」の方は、漢語「兀兀《こつこつ》」に由来し、擬音語の「こつこつ」とは別由来のようです。

　しかも、「兀兀」の本来の意味は、〈ものごとにひたすら打ち込む様子・じっと動かない様子〉で、現代語にある〈少しずつなにかをおこなっていく様子〉というニュアンスは、あまり前面に出ません。江戸時代の服部南郭という学者の書いた文章には、「夜中にひとが寝静まったあと、部屋を閉め切り、蝋燭の火を小さくして、兀兀と読書して夜が明けた」（原漢文）という箇所があります。この「兀兀」は、毎日少しずつ本を読んでいったというのではなく、その夜はひたすら読書にはげんだという意味合いです。

　そう考えると、「こつこつ勉強する」とか「手袋をこつこつ編んだ」に感じられた、仕事そのものへの真面目な取り組みの感じは、ここに起源があったことが納得できます。

「ぱぱっと」「ささっと」と　どっちの方が手際がよい？

料理が苦手だというひとがいます。よく聞くと、作るのが下手だからではなく、使った食器類を洗ったりする、後片付けが面倒だというのです。それは「料理が苦手なひと」なのではなく、「片付けられないひと」なのではないかとも思います。

それはともかく、凝ったものを作ろうとすると、時間もかかるし、片付けものも多く出ることを考えると、ついおっくうになることも確かです。そんなとき、**ぱぱっと**手際よく、しかも美味しいものが作れたら最高だと思います。同じような〈手際のよさ〉を意味する言いかたに「ささっと」があります。「旦那さんが、酒のつまみを**ささっと**作ってふるまう」のように。それでは、「ぱぱっと」と「ささっと」では、どちらの方が手際のよさが上なのでしょうか。

「ぱぱっと」という言葉と似たような言いかたに「調味料をちょちょっと入れる」というものがありますが、これは、「ちょっと」という言いかたをもとにして、「ちょ」のところだけを繰り返したものと解釈できます。これを参考にすると、「ぱぱっと」も、「ぱっと」をもとにしたものと考えればいいことになります。「ぱっと」は、「噂がぱっと広まった」「ぱっと逃げ帰った」などのように用いられ、〈瞬時に起こったりおこなったりする様子〉を意味します。これが、「ぱぱっと」となると、〈短い時間で上手に起こったりおこなったりする様子〉というニュアンスが加わります。「ぱっと逃げ帰った」だと、瞬時の出来事を表すだけですが、「ぱぱっと逃げ帰った」と言うと、〈うまく立ち回って〉というニュアンスが生まれます。

「ささっと」も、「ぱぱっと」と同じく、「さっと」をもとにした言葉です。「さっと」は、「一同が、さっと立ち上がる」「夕方、さっと一雨降った」のように、〈すばやくおこなわれたり、急に短いあいだで起こったりする様子〉を意味します。このとき、「一同が、ささっと立ち上がる」と変えると、短い時間のなかでも、若干、一手間多くかかっているようなニュアンスが生まれます。それは、「夕方、ささっと一雨降った」と変えても同様で、短いあいだではあるが、雨が降るまえになにか前触れでもあったかのようなニュアンスになります。このとき注目すべきことは、ここの**「ささっと」には、「ぱぱっと」で見たような〈上手に〉というニュアンスがあまり感じられない**ことです。

「ぱぱっと」と「ささっと」をさらに対比させて考えてみます。「噂がぱぱっと広まった」と言えば、単に短いあいだに起こったということだけでなく、だれかがうまく取り回すことで拍車がかかったというようなニュアンスが生まれます。ところが、「噂がささっと広まった」だと、やはり、一呼吸あったようなニュアンスは生まれますが、「ぱぱっと」にあるような〈手際のよさ〉のニュアンスが生まれないことに気づきます。また、「一同が、ぱぱっと立ち上がる」とすると、〈短いあいだに要領よく〉というニュアンスが現れます。つまり、「ささっと」は、スピードの方に重きがおかれ、手際のよさにも関わりはするものの、中心ではないということになります。ということから、手際のよさが上なのは「ぱぱっと」の方だということになります。

「どろどろ」と「ずぶずぶ」

どっちの方が抜けられない人間関係？

いわゆる二時間もののサスペンスドラマでは、一見不可解な連続殺人が起こりますが、だいたいその背後には、複雑にからみあった人間関係があります。「**どろどろ**の愛憎劇」が高じて、殺人にまで至ってしまうのです。ただ、最近は、そのような出来事が、テレビのドラマではなく、現実に起こってしまったりするので不気味です。どろどろの人間関係は、清算しようにも、複雑に、また、がんじがらめに絡みついて、抜けられないものになっています。抜けられないといえば、「あいつとおれは、**ずぶずぶ**の仲でさあ……」というときの「ずぶずぶ」も、断ち切ろうとしても、かえって足元から呑み込まれるような関係について言います。では、「どろどろ」と「ずぶずぶ」は、どんな違いがあって、どちらの方が、抜けられない人間関係になるのでしょうか。

「どろどろ」は、〈抜けられない人間関係〉を表すほか、「子供が服をどろどろに汚す」のような〈粘っこく汚れがつく様子〉を意味します。「どろどろの人間関係」というのも、〈粘っこくまとわりつく様子〉という意味合いで説明が付きます。そういえば、「どろどろ」の「どろ」は、「泥」で、普通の名詞ではないかとも思います。たしかに、「着物にどろが付く」のように言いますから、「どろ」は普通の名詞の用法もあります。しかし、「どろ」という要素は、「どろり」「どろっ」「どろどろ」のように、オノマトペらしい派生もします。これに対して、いかにも普通の名詞は、たとえば、「かわ（川）」であれば、「かわり」「かわっ」「かわかわ」のような派生をしません。そうなると、「どろ」は、むしろ、オノマトペが普通の名詞として使われるようになったもの、と考えた方がよさそうです。オノマトペから普通の名詞に転じたものとしては、ほかに、子供をあやす「がらがら」、小さな景品がはいった「がちゃぽん」などもあります。

「ずぶずぶ」は、〈抜けられない人間関係〉を意味するほかに、「沼に足がずぶずぶと呑み込まれた」のように、〈とどめることができずに沈み込む様子〉を意味したり、「釘を腐った板にずぶずぶと刺し通した」のように、〈柔らかいもののなかに固いものを刺し通す様子〉などを表します。

さらに古くは、「ずぶずぶと酔っ払った」とか「ずぶずぶと濡れた」のような言いかたもありましたが、今ではなじみの薄い表現です。こうしてみると、「ずぶずぶ」は、単に抜けられないというよりも、〈どこまでも沈み込んでいく様子〉を基本的に表していて、その結果として抜けられないという意味合いであることがわかります。そう考えると、今では耳慣れない、「ずぶずぶと酔っ払う」のも、どこまでも酔っ払っていくということですし、「ずぶずぶと濡れた」というのも、激しい雨などで、際限なく体が濡れることだというように説明がつきます。

以上のところから、〈粘っこくまとわりつく様子〉の「どろどろ」と、〈どこまでも沈み込んでいく様子〉の「ずぶずぶ」では、どこまでも沈み込んでいくというところが決め手で、「ずぶずぶ」の方が、抜けられない人間関係を表していると見ます。「どろどろ」は、自分も相手も、まとわりつくような汚れにどんどん巻き込まれていくものなのに、**「ずぶずぶ」は、お互いにもがけばもがくほど、足を取られて沈み込む**というイメージがあります。この得体の知れなさは、やはり無視できないのです。

「すらすら」と「ぺらぺら」どっちの方が流暢に話す？

今では、国籍は日本でも、海外のチームに所属したり、活動拠点を海外に置いたりするスポーツ選手が多くなりました。こういうアスリートたちが活躍したり、優勝したりしたときのインタビューを、英語でやり取りしている姿を見ることは、もはや珍しくありません。海外メディアからのインタビューを流暢にこなしているところを見ると、「この選手、英語がすらすら出てくるなあ」と感心してしまいます。この、英語に限らず、〈外国語を流暢に話す様子〉を表すときには、たとえば「あのひと、中国語ぺらぺらなんだよ」などと、「ぺらぺら」が使われる場合もあります。この流暢さのニュアンスや程度に差があるものなのか、考えてみたいと思います。

「すらすら」には、〈外国語を流暢に話す様子〉のほかに、「すらすら書けるボールペン」や「話がすらすらとまとまった」のように、〈引っかからずに滑らかに進む様子〉を表す用法があります。「すらすら」は、この〈引っかからずに滑らかに進む様子〉という抽象的な意味が中心にあって、外国語を話すこと、ボールペンで書くこと、話がまとまることという具体的な現れが生まれます。つまり、「英語をすらすらと話す」というのは、考えたり、言いよどんだりすることなく、なめらかにすべるように英語を話すということになります。「すらすら」の「すら」は、ほかに、「すら

り」「すらっと」のような派生もしますが、「すらりとした体型」などと言うときは、横によけいな出っ張りがなく、上から下まで滞りなく体型のラインが通っているという意味合いになります。

〈引っかからずに滑らかな様子〉という根本的な意味が、ここにもあることに気づきます。

「ぺらぺら」は、〈外国語を流暢に話す様子〉のほかに、「秘密をぺらぺらと話す」のように〈軽薄な行動をする様子〉、「ぺらぺらと本のページをめくる」のように〈薄いものがひるがえる様子〉、「ぺらぺらした生地の服」のように〈薄くて重みのない様子〉などの用法があります。**一見、多様そうに見えるのですが、これらは〈軽く、薄っぺらい様子〉という点が共通しています。また、あまりいいイメージではないことにも気づきます。**「ぺらぺらと本のページをめくる」の場合は、一見そうでもないように思えますが、ページをぺらぺらとめくると言えば、その本は、やはりあまり重きを置かれてはいないもののように感じられます。そうすると、「英語をぺらぺら話す」だけが、〈よどみなく軽快な様子〉で、そう悪いイメージでもなさそうです。しかし、もとをただせば、これにも、流暢に外国語を話す人間に対する、軽い反発心とか、やっかみのような気分が、どこかにあったのかもしれません。

〈引っかからずに滑らかな様子〉の「すらすら」と〈よどみなく軽快な様子〉の「ぺらぺら」。どちらが、流暢さの程度が高いかを考えたとき、「ぺらぺら」の持っていた表面的な〈軽薄さ〉が気になってきます。内容の点から考えても、「ぺらぺら」には、なにか、あまりよく考えもせずに話しているようなイメージがつきまといます。その点、「すらすら」は、考えた内容を、きちんと言葉にしているというイメージがあります。そこを考慮すると、流暢さの程度が高いのは、「すらすら」ということになります。

「ぎらぎら」と「がつがつ」どっちの方が野心がむき出し？

人間にとって、競争心というのは、言わば必要悪なのだと思います。よく、みっともない競争なんかしないで生きていたい、穏やかに過ごしていければじゅうぶんという考えかたを聞くことがありますが、競争をみっともないことだと片付けるのもどうかと思います。競争心は向上心と裏腹の関係にありますから、スポーツ競技のように、競争しようという気持ちを持たないと向上に結びつかない場合も多くあります。とはいえ、競争心むき出しにし過ぎるのも、品がなく、要らぬ反発をくったりしますから、難しいところです。「ぎらぎら」とした野心を燃やす青年」と聞くと、私は、「ジュリアン・ソレル」という名前を思い出します。スタンダールの小説『赤と黒』の主人公です。この例の「ぎらぎら」は〈どぎついほど外に向かって現れる様子〉を意味しています。同じような意味で、「がつがつとした野心をあらわにする青年」という言いかたもできます。それでは、「ぎらぎらした青年」と「がつがつした青年」とでは、どちらが野心をむき出しにした青年なのでしょうか。

「ぎらぎら」は、野心が〈どぎついほど外に向かって現れる様子〉を意味するほか、「ぎらぎらと油が浮いた沼」とか、「ぎらぎらと太陽が照りつける」のように、〈どぎついほど強く照り輝く様子〉を意味します。全体として共通するのは、

〈どぎつさ〉と〈光が強く照らす〉というところです。「野心でぎらぎらした目」というと、野心の眼光が強く放たれて、そら怖ろしいほどのイメージです。オノマトペの清音・濁音の対立から言うと、「ぎらぎら」の相手は「きらきら」になります。「きらきら光る」と言えば、明るく軽快さを感じさせる光をイメージします。それに対して「ぎらぎら光る」は、重苦しく強すぎる光のイメージです。しかし、ここで面白いのは、「きらきらした野心」という言いかたはないことです。つまり、野心について言う「ぎらぎら」は、そのどぎつさを強調するために、濁音専用で造ったものということになります。

「がつがつ」は、野心が〈どぎついほど外に向かって現れる様子〉の意味で使われるほか、「野良犬がエサをがつがつ食う」のように、〈脇目も振らずむさぼり食う様子〉の意味でも用いられます。これは、歴史的に見ても、「がつがつ」は、〈食べ物をむさぼり食う様子〉の意味が始まりのようです。野心について言う「がつがつ」も、品が悪くても気にせず、他を押しのけてでも、自分の欲しいものをひたすら追い求めるというイメージです。この「がつがつ」も、「エサをかつかつ食う」とか「かつかつした野心」のような言いかたはありませんので、脇目も振らぬ様子を強調するために、濁音専用で造ったものと考えられます。

〈どぎついほど外に向かって現れる様子〉の「ぎらぎら」と、〈脇目も振らず追い求める様子〉の「がつがつ」では、どちらが野心むき出しかというと、「がつがつ」の方が行動としての勢いが感じられる分、少し上だと思われます。「ぎらぎら」は、そこで光っているというだけで、行動というところまで行かない感じです。

とはいえ、「野心でぎらぎらした目」から感じる、じっとりとした視線には、ある種の邪《よこしま》な感じもただよいます。目的のためには手段を選ばないような意志とでも言えるものです。となると、「ぎらぎら」にも、ちょっとあなどれないものがあります。

3章　こんな態度あんな仕草

「ねちねち」と「くどくど」どっちの方がしつこい？

「くどくど」と注意を受けて、うんざりだよ」のように。それでは、「ねちねち」と「くどくど」では、どちらの方がしつこさが上なのでしょうか。

「ねちねち」は、〈いつまでもしつこい様子〉を意味するほか、「手に油がねちねちとまとわりつく」のように、〈不快に粘りつく様子〉も意味します。振りほどいたり、そぎ落としたりしようとしてもくっついて離れないイメージです。「ねちねち」の「ねち」からは、ほかに、「ねちっこい」を思い出しますが、古くは、「ねちくさい」とか「ねち者」などという言葉もあったようです。さらに、ナ行とタ行の文字の組み合わせからなる

叱られるのが好きなひとは、まずいないと言ってよいでしょう。しかも、その小言がいつまでも延々と続いたりすると、もう地獄です。さらに、長くてもうんざりなのに、内容も、この時とばかり、いちいち細かいことを指摘してきたり、同じようなことを繰り返されたりすると、やめてくれと言いたくなります。小言を浴びまくって、ふらふらになって自分の席に戻って、隣の同僚に、「いやあ、もう小言が**ねちねち**ねちねち、いやになったよ……」と同情を求めたとしても無理はありません。この「ねちねち」は、〈いつまでもしつこい様子〉を意味しますが、同じような意味合いで「くどくど」という言いかたもあります。

オノマトペは、ほかに、「ぬたぬた」「のたのた」「にたにた」「ねとねと」などが思いつきますが、すべて、粘着質の鈍い感覚が共通します。「ねちねち」から受けるしつこさは、粘りついて、振りほどこうとしても離れないところから生まれるものです。

「くどくど」は、〈小言〉についてだけでなく、〈昔の思い出話〉のように、〈昔の思い出話をくどくどと語る〉のように、一見悪くはないものについても使えます。しかし、本人にとっては悪くない思い出でも、聞く方にとってみれば取るに足らないような話を、うんざりするほど聞かされるという感覚です。「くどくど」と描写している時点で、悪い評価になっているわけです。カ行・ガ行とダ行の文字の組み合わせからなるオノマトペとして、さらに、「くだくだ」「ぐだぐだ」「ぐでぐで」などを思いつきますが、いずも、延々と続いてしまりがないという特徴があります。また、現代ではなじみがなくなっていますが、古くは、「ぐとぐと」「ぐどぐど」のようなものもあったようです。意味は、〈同じ文句を何度も繰り返す様子〉で、「くどくど」と共通します。

〈粘りついて離れない様子〉を表す「ねちねち」と、〈同じ趣旨のことをうんざりするまで繰り返す様子〉を表す「くどくど」では、どちらの方がしつこさが上かを考えたとき、精神的には、「ねちねち」の方ではないかと思います。「くどくど」は、結局同じようなことが何度も繰り返されるわけですから、そのことを我慢しさえすればいいわけです。

「ねちねち」は、「だいたい君は反省しているのかね、その表情は、反省しているとは言えないんじゃないか、そういえば、この前も……」と、手を変え品を変え、波状攻撃を浴びせてきます。なかには、言いがかりだとしか言えないことを忍込ませて、それに抗議すると、じゃ、そこは撤回しよう、しかしだね、とくる。撤回するなら、最初から言うなよ。ああ、しつこい。たまったもんではありません。ということで、やっぱりしつこさは、「ねちねち」の勝ちです。

「つべこべ」と「ぶつくさ」どっちの方が癇に障る?

ひとに注意することは難しいことです。なるべく相手のプライドを傷つけないように、しかし、こちらの言い分も理解してもらわないといけません。それでも、明らかに相手に落ち度があるのに、なんだかんだと屁理屈を並べ立てて、素直に注意を受け容れない態度をとられると、腹立たしい思いがします。思わず「なにを**つべこべ**言っているんだ」と癇《かん》に障ります。一方、注意しているときは、はいはいと言いながら、あとで「自分もおんなじミスをしていたくせに、ひとに言える筋合いじゃないだろうが、この前だってそうだよ……」などとつぶやいているのを耳にすると、「なにをいつまで**ぶつくさ**言ってるんだ、素直に自分の過ちを認めろよ」と癇に障ります。

〈あれこれと屁理屈を並べ立てる様子〉の「つべこべ」と〈不平不満を聞こえるか聞こえないかの声でつぶやく様子〉の「ぶつくさ」、いずれも、言った言葉そのものより、相手の態度で癇に障るわけですが、どちらの方がその度合いは大きいのでしょうか。「つべこべ」は、逃げを打とうとするときに、要らぬ屁理屈でごまかそうとしているところがずるいと感じます。「ぶつくさ」は、結局は聞かせたいのに、わざと聞こえるか聞こえないかの声で先に逃げをうっているところがずるいと感じます。癇に障るのは、つまりは、ずるいからです。しかし、**「ぶつくさ」は、まだ、不満の**

言葉そのものを口に出しているだけ、こちらにきちんと向かっている感じがします。それに対して、「つべこべ」は、遠回しに理屈にもならない理屈を述べ立てて、それでごまかせると思っているところが、どうも軽く見られたように感じます。そう考えると、「つべこべ」の方が、癇に障る度合いは大きいと判断されるのです。

「つべこべ」という言いかたは、江戸時代からあるのですが、そのまえに、「つべつべ」という言いかたもあったようです。これは、現代では全国的には聞くことができませんが、佐渡や鳥取の方言では残っているところもあるようで、〈よくしゃべる様子〉を意味しています。「つべつべ」は、方言ではさらに、〈脂ぎった様子〉や〈よくすべる様子〉も意味するようですから、全体として、〈ぬるぬるとよどみない様子〉とまとめられます。つまり、「つべつべ」は、もともとは屁理屈を言う様子よりも、次から次へとよどみなく言葉が出てくる様子の方を表していたのです。これが、「あべこべ」などというときの、「こべ」と結びついて、「つべこべ」となることによって、あっちに行ったりこっちに来たりという感覚が生まれ、屁理屈を述べ立てる側面が強くなったものと思われます。

他方、「ぶつくさ」の方も、江戸時代からある言いかたです。「ぶつくさ」の「ぶつ」を繰り返した「ぶつぶつ」は、もっと古く鎌倉時代のころからあり、当初は〈縄などを勢いよく切るときの音や様子〉を意味してました。現代でも「ぶつ切り」という言いかたに、その名残をとどめていますす。その後、不平不満に限らず〈言葉を小声でつぶやく様子〉を意味するようになりましたが、この意味も、現代まで続いています。また、その用法の、小さいものが途切れることなく現れるという抽象的なイメージによって、さらに、〈あわや粒が次々に生じたり多くある様子〉という意味も生まれ、現代の「手にぶつぶつができた」という名詞の言いかたに引き継がれています。

「けろり」と「しゃあしゃあ」どっちの方が厚かましい？

失敗をとがめると、形ばかりの詫びの言葉は言うものの、あとは落ち込んだふうもなく、**けろり**とした顔をしている。注意をした方からすると、腹立たしいことこの上ない。厚かましいやつだ、と捨てゼリフのひとつも言いたくなります。かと思うと、自分のせいで失敗したのに、なんだかんだと言い逃れをして、挙句の果てには、どうせ、はなから成功しない企画だったんですよと、**しゃあしゃあ**としている。これまた、かなり厚かましい態度です。それでは、「けろり」と「しゃあしゃあ」のどちらが厚かましさは上なのか、考えていくとむかむかしてきそうですが、やってみましょう。

「けろり」は、「あれほどの痛みが、朝になるとけろりと消えていた」のように〈跡形もなく消え去る様子〉を意味します。注意をされたあと「けろり」としているというのも、〈何事もなかったかのように平然としている様子〉を意味します。共通するのは、〈何事もなかったように〉という点です。「けろり」の「けろ」は、ほかに、「けろっと」という言いかたにも見つけられるもので、これも、「叱られてもけろっとしている」のように〈平然としている様子〉を表します。さらに、現代では耳慣れないものになっていますが、「けろん」「けろけろ」「けろかん」「けろりかん」などという言いかたも古くはあって、「けろ」一族は隆盛を誇っていたのです。なかでも、「けろけろ」と言えば、今では蛙の鳴き声ぐらいしか思いつきませんが、古くは、「病気がけろけろとなおった」のように、〈どんどんと、うそのように〉という意味で用いられていました。

「しゃあしゃあ」は、〈恥を恥とも思わず、平気な顔をしている様子〉という意味で、すでに江戸時代頃から使われていますが。一茶には、「叱ってもシャアシャアとして蛙かな」(『文政句帖《ぶんせいくちょう》』二年、一八一九年)のような句もあります。この句は、叱っても、蛙のような平気な顔をしている人間のことを詠んでいるのですが、表現としては、「蛙の面に水」という慣用句が踏まえられてもいます。つまり、その人間は、水を顔に掛けられても平気な顔をしている蛙のようだ、というのです。「しゃあしゃあ」は、ほかには、現代では「いけしゃあしゃあ」ぐらいしか思いつきませんが、古くは、「しゃあとする」「しゃあつく」などという言いかたもありました。「しゃあしゃあ」の「しゃあ」はなにかというと、「しゃしゃ(洒洒)」という言葉があり〈愛想がなく、平気ですました様子〉で用いられていましたから、「洒脱」などと言うときの「洒」という可能性もあります。

「けろり」と「しゃあしゃあ」のほかに、厚かましさを表す言葉としては、「ぬけぬけ」も思いつきます。が、「ぬけぬけ」は、「抜ける」という動詞を「抜け抜け」と繰り返したものです。〈当事者ではないよと、いかにもその場から抜けるかのように〉厚かましい、という動詞由来のものですので、厳密にはオノマトペには入らないものと思われます。

〈何事もなかったかのように平然としている様子〉の「けろり」と、〈恥を恥とも思わず、平気な顔をしている様子〉の「しゃあしゃあ」とでは、どちらが厚かましいかと言うと、**「しゃあしゃあ」はまだ、恥と認識しつつもやり過ごそうとしているところがあるのに、「けろり」は、なかったことにしている**わけですから、図々しいにも程があります。ということで、軍配は、「けろり」に上げたいと思います。

「はっきり」と「きっぱり」どっちの方が率直？

思った通りのことを、そのまま言うのは、なかなか勇気のいることです。言ったことに反発して、逆に攻撃されたらどうしようとか、攻撃されなくとも不快に思われたらいやだ、とか、さまざまな思いが渦巻き、言葉は喉もとまで出かかっているのに、次の一歩が踏み出せません。それだけに、自分の言いたいことそのままを、ほかのだれかが言ってくれたりすると、よくぞ言ってくれたという気持ちになります。それは、「なかなか言えないことを、はっきり言ってくれてすっきりした」といった思いです。

この「はっきり」のように、〈決断して率直な態度をとる様子〉を表す言いかたには、ほかに「きっぱり」もあります。「なかなか言えないことを、きっぱり言ってくれてすっきりした」のように。このふたつには、どんな違いがあるのでしょうか。また、「はっきり」と「きっぱり」では、どちらの方が率直さの度合いが高いと言えるでしょうか。

「はっきり」は、「言いづらいことを**はっきり言う**」の場合のような、言動における率直さを表す用法のほか、「彼の言うことは、はっきりと間違っていた」や「秋の到来がはっきりと感じられる」のように、〈際立って明快に感じられる様子〉を表すことができます。「はっきり」の率直さは、言いたいことを、ほかに間違えようがないぐらい明快に言い表しているところから生まれるわけです。

「はっきり」は、「はき」に、促音「っ」と「り」を加えて造ったオノマトペです。同じようなできかたのものとして、「ぴた」から造った「ぴったり」を挙げることができます。「はき」からは、「はきはき」が造れますが、これも「はきはきと返事をする」のように、〈明快さと歯切れのよさ〉を意味します。「はっきり」との結びつきがはっきり感じられます。

「きっぱり」の方は、「言いづらいことを**きっぱり**言う」「悪い誘いをきっぱりと断わる」のような言いかたはできますが、「はっきり」では言えた「彼の言うことは、きっぱりと間違っていた」とか「秋の到来がきっぱりと感じられた」のような言いかたができません。ここから、言動以外では使いづらいこともわかります。

また、「言いづらいこと」や「悪い誘い」に対しては言えますが、「今日は楽しいときっぱり言った」や「彼女はきっぱりとうれしそうにした」という言いかたには、違和感を覚えます。「今日は楽しいときっぱり言った」とあえて言うとすると、だれもが「楽しい」と言えない雰囲気だったのに勇気を持って発言したというような文脈になります。つまり、「きっぱり」には、〈言いづらい状況なのにあえて勇気を奮い立たせる様子〉というようなニュアンスがあるわけです。「きっぱり」の率直さは〈勇気〉からもたらされたものだったのです。

〈ほかに間違えようのない明快さで言い表している〉ところからの率直さを表す「はっきり」と、〈勇気を奮い立たせる〉ところからの率直さを表す「きっぱり」。どちらの率直さが、より度合いが高いでしょう。ここは、やはり、**客観的な明快さよりも、〈勇気〉という心情がこもっている分、「きっぱり」の方が上だ**と思います。

「いそいそ」と「うきうき」

どっちの方が浮き立っている？

ずっと前から楽しみにしていた約束の日が、ついにやってきました。もう朝から、そわそわ、どきどき。時間と場所を確認して、いよいよ家を出ます。「居ても立ってもいられない気持ちで、**いそいそ**と出かける」、こんな感じでしょうか。それとも、「もう楽しみでたまらず、**うきうき**と出かける」、という感じでしょうか。「いそいそ」からも「うきうき」からも、浮き立った気持ちが伝わってきます。それでは、より浮き立った気持ちを表そうとしたときには、このどちらを使えばいいでしょうか。

「いそいそ」は、出かけるときの気持ちも表せますが、「大好きなお客様がやってきて、いそいそと食事の支度をした」のような場合の気持ちの浮き立ちも表せます。このとき、微妙ですが、「大切なお客様がやってきて、うきうきと食事の支度をした」というと、若干違和感を感じます。「大切な」お客様だと、しくじってはいけない、というようなプレッシャーの方が先にたって、「うきうき」した気分にはなかなかなれないように思います。「いそいそ」は、とても好ましい相手やもののごとに対して感じる〈心が弾むような気持ち〉を表すところに主眼があるようです。

ちなみに、「いそいそ」という言葉自体、最近はあまり理解されず、〈せわしない様子・忙しそうな様子〉というふうに解釈されることもあるといいます。「いそいそと帰り支度を始める」……なるほど、たしかに、これだけだと、せわしなさや忙しさを感じるかもしれません。「いそいそ」の「いそ」は、「いそがしい」の「いそ」だという理解なのかもしれません。しかし、このふたつは関係ありません。「急ぐ」の「いそ」だという説はありますが、そのことはのちほど触れます。そもそも、せわしなく帰り支度をしている場合は「そそくさと帰り支度を始める」と言います。「そそくさ」と言えば、なにかが待っているというよりも、単に、一刻も早くこの場所を立ち去りたいという気持ちの方が勝ったものになります。それに対して、大好きなこと、うれしいことがこれから待っているときに感じる、あの気持ちは「いそいそ」なのです。こんな的確な言葉の意味が変わりつつあるのは残念です。

一方、「うきうき」は、「ノリのいい曲を聴いてうきうきした気分になる」などとも言えるように、いつの間にか体も小刻みにリズムを取っているようなイメージがあります。現時点の楽しさを表しています。ちなみに、「ノリのいい曲を聴いていそいそとした気分になる」というのは、少し違和感があります。もし、強いて言うとすれば、その曲で、これからあるうれしいことを思い出して、落ち着かない気持ちになっているという感じでしょうか。「楽しさ」に対して、「いそいそ」はちょっとなじまないようです。それに対して「うきうき」は、現在の〈楽しさによる高揚感〉を表していると言ってよいでしょう。

〈好ましいものやうれしいものに心弾む気持ち〉を表す「いそいそ」と、〈現在の楽しさによる高揚感〉を表す「うきうき」。どちらの方が浮き立っているかと考えると、どことなく控えめで慎ましやかな「いそいそ」よりも、楽しい感じが目に見えるような「うきうき」の方に軍配を上げたいと思います。ただ、**表面上楽しい「うきうき」よりも、うれしさや好ましさがじんわりと心にしみている深さを思うと、「いそいそ」も一概には捨てられない**、と悩んでもしまいます。

ところで、「うきうき」の語源を考えると、これは動詞「浮く」と関係がありそうです。とすれば、これはもともとは、オノマトペではないことになります。しかし、現在では、「うきうき」の「うき」を動詞の「浮く」と結びつける感覚は薄くなっていると思われます。「ウキウキ」とカタカナで書くこともしばしばです。「うきうき」は、やはりかなりオノマトペ化していると言ってよいのではないでしょうか。

　また、「うきうき」を古くさかのぼると、「かくうきうきと頼みがたき有様を、思ひわびたるなめり」（『狭衣物語《さごろもものがたり》』、一一世紀後半）のような例が見つかります。これは、当てにならないことを待ち続けている様子について言っているのですが、その状態を楽しんでいるのではなく、むしろ、〈心が落ち着かない様子・心乱れる様子〉を表しています。古くは、「浮き草」というと、ひとつところに落ち着かずに水の流れるままに動く頼りないものという感覚で捉えられていました。「うきうき」の語源が、まえに述べたように「浮く」であるのならば、「浮く」という言葉にまつわる、そのような頼りなさ、とりとめのなさが引き継がれているのは自然です。よきにつけ、あしきにつけ、〈心が落ち着かない様子〉だったものが、よいほうにだけ特化したのが「うきうき」だと言ってよいでしょう。

　さらに、「いそいそ」の「いそ」は最近では「忙しい」という言葉と結びつけられていると述べましたが、「いそいそ」の「いそ」は、「急ぐ」の「いそ」だという語源説もあります。これも、古くさかのぼると、松尾芭蕉の弟子の探志《たんし》が詠んだ「いそいそと廻れ師走の水車」（『歳旦牒』、一六九八年）という句が見つかります。この句に用いられている「いそいそ」は、師走の慌ただしい時期だから、水車も急いで回って仕事をしろというような気分を詠んでいます。これなどは、「いそいそ」の「いそ」は「急ぐ」の「いそ」だという説を裏付けそうです。とすれば、「いそいそ」も、よきにつけあしきにつけ用いられていたものが、いいほうに限定されたということになります。

「そわそわ」と「せかせか」

どっちの方が落ち着きがない？

友人と久しぶりに落ち着いて一杯やろうという話がまとまって、なじみの居酒屋へ。しばらくして、友人が急に、**そわそわ**しだす。「今日、何日だったっけ」と言いながら手帳を出したり、スマホのメールをチェックしたりで、そわそわは最高潮に。しまいに友人が叫ぶ。「しまったあ、今日は娘の誕生日だったんだあ」……。

この「そわそわ」は〈態度になにかと落ち着きのない様子〉を意味します。同じような意味を表す言葉に「せかせか」もあります。「あいつ、いつも**せかせか**して、余裕というものがないんだよな」のように。それでは、「そわそわ」と「せかせか」とでは、どちらの方が落ち着きがないでしょうか。

「そわそわ」の落ち着きのなさは、体の細かな動作として現れます。なにかが気に掛かっているのだけれども、そのなにかがつかめないというように、何度も小さく首をかしげたり、手をポケットに入れてなにかを取り出そうとしたり、急に立ち上がりかけては座ったりというような動きです。しかし、あまり激しい動きではありません。あくまでも小さく、また、柔らかい動きです。「そわそわ」の「そわ」は、普通のオノマトペのように、「そわり」「そわん」「そわっ」というような派生をしません。古くは、〈落ち着かない態度をとる〉という意味の「そわつく」という言葉もあったようですが、現代では耳遠い言葉です。そうすると、「そわそわ」は、〈細かく柔らかい動きを続ける様子〉を表すために、特に造られたものであると考えられます。

「せかせか」の落ち着きのなさは、なんでも急いで片付けようという態度として現れます。小さな歩幅であちこち早足で歩き回っては、ひとに「あれはどうなった」と尋ね「まだです」と言われると少し不満げに去って行く、といったイメージです。つまり、〈気ばかり焦って落ち着きがない様子〉ということになります。とは言っても、「いらいら」とは違います。「まだです」と言われて「なんだ、もっと早くできないのか」というように明確な不満を表すと、「いらいら」になりますが、「せかせか」は、そこまではいきません。「せかせか」の「せか」は、古語の「急《せ》く」と関係があると言われています。「急く」は、現代では単独では用いられませんが、「急き立てる」などの複合語のなかに残っています。また、西の方言、特に九州方言などでは「せからしい」とか「せからしか」という言いかたがあって、〈気ぜわしい〉とか〈うるさい〉のような意味で用いられています。これは、なにかと急がされた気分になった側の感覚を言い表したものです。

〈細かく柔らかい動作を重ねながら、落ち着きのない態度をとる様子〉の「そわそわ」と、〈気ばかり焦って落ち着きがない様子〉の「せかせか」。どちらが落ち着きがないかというと、やはり、その気持ちが、さまざまな表面上の体の動きに現れてしまう分だけ、「そわそわ」の方が上だと思います。「せかせか」が体の動きとして現れるのは、歩行のしかた程度です。

とはいえ、「そわそわ」は、そうされても、あまり気に障らず、かえって心配になるぐらいなのに対して、「せかせか」の方は、そういう態度を見ると、少しいら立ちを感じることもあります。とすると、**「そわそわ」は表面的な落ち着きのなさなのに対して、「せかせか」はこちらの気持ちにまで食い込んでくる落ち着きのなさ**ということで、「せかせか」もあなどれないことになります。

「のんびり」と「ゆったり」どっちの方がくつろいでいる？

仕事に一区切りがつくと、日本人は、多く、温泉に行きたくなるといいます。いや、忙しくてたまらないときにも、つい、「ああ、温泉あたりでのんびりしたいなあ」と口にしてしまいます。こんなにも温泉が愛されるのは、やはり、日本が有数の温泉国であることと、手足を思い切り伸ばして、たっぷりと快適なお湯のなかで思い切りくつろげるというイメージが定着しているからなのでしょう。かくいう私も、まだ若いころに温泉につかったとき、どこで覚えたともなく「極楽、極楽」と言ってしまって、自分ながら驚いた記憶があります。温泉は、極楽なのですね。

さて、温泉のことは、これくらいにして、まえのせりふは、ほかに、「ああ、温泉あたりでゆったりしたいなあ」とも言えそうです。そこで、「のんびり」と「ゆったり」のくつろぎ感を比べてみたいと思います。

「のんびり」のもとになった言葉は、まさに手足が思い切り「伸びる」の「のび」なのだと思われます。「のび」を繰り返した「のびのび」という言いかたもあります。「のびのび」は、オノマトペなのかどうか微妙なところですが、「のんびり」は、「ふわ」と「ふんわり」、「しな」と「しんなり」の関係から考えると、オノマトペの姿はじゅうぶんに備えています。「**のんびり**と湯につかる」「のんびりとした気持ち」のように、心身ともに〈なんの制約もなく、とらわれるものがない様子〉を表すところに特徴がありそうです。基本的には、強いプラスのイメージが感じられますが、「あのひとは、のんびりしているね」「のんびりとした性格」などと言うときは、若干マイナスの気持ちもこもるようです。

一方、「ゆったり」の方は、〈落ち着いた余裕がある様子〉というのが原義で、古くさかのぼると、「早瀬にもゆったりとして柳かな」（『左比志遠理《さびしをり》』、一七七六年）などという句を見出します。これは、早瀬、すなわち、速く流れる川の岸に柳がゆったりと枝を揺らしている早春の風景を描いたものと思われます。早瀬なのは、雪解け水が流れているからなのでしょうか。その早瀬を前にしても、ただ、ゆらゆらと風にゆれる柳の枝。まさに悠揚せまらない様子が伝わってきます。

そう言えば、「のんびりとした性格」だと、少しマイナスの気持ちがはいると述べましたが、「**ゆったり**した性格」だと、あまりマイナスの気分はこもらないようです。余裕の感覚が、そうさせるのでしょう。

〈とらわれるものがない〉ことでくつろいだ気分になるのと、〈落ち着いた余裕がある〉ことでくつろいだ気分になるのとでは、どっちの方がくつろいだ気持ちになれるでしょうか。微妙ですが、ここは、〈落ち着いた余裕がある〉方を推したいと思います。

「のんびり」は、たしかにとらわれるものがなくていいのですが、むしろ、そこに落とし穴がひそんでいるかもしれません。たとえば、「のんびりした性格」というのは、危険が迫っているかもしれないのに、軽く考えてろくに対応していない、といったイメージもあります。これはくつろぎすぎで、不安です。やはり、「ゆったり」の方が安心してくつろげるように思えます。

コラム 2

オノマトペのようでそうでない言葉

オノマトペを、そうではない言葉と区別することは、実は、なかなか難しいことです。オノマトペのなかでも擬音語の方は、音をまねしているものだから見わけるのは簡単で、ひとによって違いがないようにも思われますが、「あっと驚く」の「あっ」はオノマトペだと思っているひともいます。擬音語は、たとえば、猫の鳴き声「ニャー」のように、もともと人間の音声ではない音を、人間の音声に変換したものです。だから、「あっ」のように、もとから人間の音声として発音されたものはオノマトペには含まれず、品詞で言えば「感動詞」に分類されます。

一方、擬態語の方は、さらに複雑です。たとえば、「ほのぼの」は、「仲のいい親子連れをを目にして、ほのぼのとした気持ちになった」のように、現代語としては、〈心温まる様子〉を意味するオノマトペとして理解されていると思われます。しかし、「ほのぼの」は、もとは〈かすかな様子〉を意味していました。「ほの」は、〈かすかな様子〉という意味合いで、「ほのか」「ほのみえる」などにも見つかる要素です。このとき「ほのぼの」は、後ろの方が「ぼの」と濁音になっていることにも注意されます。普通、同じ要素を二回繰り返すオノマトペは、「きらきら」「ぴかぴか」「ふらふら」のように、そのまま二回繰り返し、「きらぎら」「ぴかぴか」「ふらぶら」のように、後ろが濁音になることはありません。そういう意味でも、「ほのぼの」はオノマトペとしては少し変わっていることがわかりますし、そのことで、いよいよ本来はオノマトペではなかったことも納得できます。このほか、「しらじら」「ふかぶか」なども、ひとによってはオノマトペだと捉えられることがあるようですが、やはり、後ろが濁音になっていることと、これらはそもそも「白々」「深々」のように、普通の言葉として理解できることから、オノマトペには入らないことになります。しかし、何百年後かに、「ほのぼの」のようにオノマトペとして理解される可能性を完全に否定することはできません。

同じ音を二回繰り返すのはオノマトペの大きな特徴のひとつですが、二回繰り返す言葉がすべてオノマトペとはなりません。そのことは、「ひとびと（人々）」「いえいえ（家々）」がオノマトペではないことを考えれば、明快です。しかし、「人」や「家」のようにはっきりしないものが繰り返されていると、オノマトペのように感じられることにもなります。「うきうき」「ぬけぬけ」などはその例で、「うきうき」は「浮き浮き」ですし、「ぬけぬけ」は「抜け抜け」ですから、それぞれ、「浮く」「抜ける」という動詞と関係します。しかし、現代では、「うきうき」は、もはや動詞との関わりを感じなくなっていますし、「ぬけぬけ」の方も、オノマトペとして捉えられがちになっています。

4章
暮らしの五感を彩る

「ふわふわ」と「ぷにぷに」どっちの方が心地よい？

オノマトペは、面白い雰囲気を持つ言葉ですが、だからといってなんの毒にも薬にもならない、浮世離れした言葉かというと、実はそうではありません。あるパンに「もちもちパン」と名前を付けただけで、売り上げが五倍になったといいます。経済効果も持つ、たいへんな威力のある言葉なのです。なかでも、柔らか系のオノマトペはとても人気があり、「もちもち」もそうですが、ほかにも、「もふもふ」「ふわふわ」「ふわり」「ふんわり」「とろり」「ぷにぷに」などが、食品をはじめとするさまざまな商品の名に用いられています。江戸時代の俳人、小林一茶も、柔らか系のオノマトペを好んだようで、一茶には「むまさうな雪がふうはりふはりかな」（『七番日記』、一八一〇〜一八年）という句があります。雪の柔らかさを「ふわりふわり」と単純に繰り返すのではなく、「ふうわり」と「ふわり」を組み合わせ、しかもそれを美味そうだという食感で捉えているところが、独特で秀逸だと思います。この感覚は、現代でも実感できるほどです。

「ふわふわ」と付けた商品は、数え切れないほどあり、ちょっと調べただけで、「ふわふわリングドーナツ」「ふわふわあげぱん」「ふわふわオムライス」「私のふわふわホイップバター」「ふわふわあんかけ玉子」「ふわふわメロンパン」など、食料品の例が多く見つかりました。どれだけ、

「ふわふわ」に快感を感じているのかが、よくわかります。一方、同じ柔らか系ではありながら、「ぷにぷに」は、やや独特な位置を占めます。単純に柔らかいということではなく、弾力感も同時にあります。一例を挙げれば、猫の肉球の感触です。「ぷにぷに」も商品名の一部になっていて、「**ぷにぷに**豆腐」というおもちゃ、「ぷにぷにクッション」「ぷにぷにほっぺますこっと」、そして、やはり「ぷにぷに！　にゃんこ肉球マスコット」というものも見つかりました。「ぷにぷに」には、食料品の例が見当たらず、もっぱら触覚を楽しむための製品に付けたものばかりでした。それでは、「ふわふわ」と「ぷにぷに」とでは、どちらが心地よさが勝るのでしょうか。

「ふわふわ」は、〈柔らかくふくらみのある様子〉を意味するほか、「綿毛が空中にふわふわ浮いている」のような〈軽くただよう様子〉を意味します。人物について「あのひとはふわふわしている」というと、あまりよい評価とは言えず、〈腰が定まらず、浮ついた様子〉を意味します。また、ものの柔らかさを表す場合でも、「このソファー、ちょっとふわふわしていない？」と言ったときには、少し柔らかすぎて、座ったときの収まりが悪いというニュアンスになります。つまり、「ふわふわ」は、いつもいい意味で使われるとは限らないのです。

それに対して、「ぷにぷに」は、悪いイメージの用法は思いつきません。そもそも、**「ぷにぷに」はとても新しい言葉で、柔らかさと弾力性を兼ね備えた快感を表すためのオノマトペとして造られたもの**です。それは、「ぷにぷに」の「ぷに」が、ほかの一般のオノマトペのように、「ぷにり」「ぷにん」「ぷんにり」などという派生をしないことからもわかります。限定的なのです。

以上のところから、「ふわふわ」と「ぷにぷに」では、どちらが心地よさが勝るかというと、快だけではない用法もあるという点で「ふわふわ」にマイナスポイントが付きますので、柔らかさと弾力感の共存する快感の「ぷにぷに」の方が勝るという結論になります。

「ふかふか」と「ふっくら」どっちの方が柔らかいパン？

パンの名前に「もちもち」と付けただけで、売り上げが何倍にも伸びたということを、さらにすこし掘りさげてみます。パンに「もちもち」をあてると、引っ張っても伸びてなかなか切れない粘りけを表すことはできますが、パンの持ち味は、粘りけよりも柔らかさなのではないかとも思います。しかし、たぶん、そこがうまくいったポイントだったのだと思います。つまり、本来の柔らかさを前面に出さないで、餅のようなテイストを押し出したところに意外感があって受けた、と。いずれにせよ、オノマトペのパワーの勝利です。

さて、それでは、パン本来の柔らかさを前面に出した、「**ふかふか**したパン」と「**ふっくら**したパン」、どちらの方が柔らかさを感じるでしょうか。

「ふかふか」は、たとえば、「ふかふかの蒲団」「ふかふかのソファー」などで考えると、あるもの自体が全体的に柔らかさを持っていて、なにかを上に置いたとき、その重みでいったんへこみはするけれども、どこかでそれを支えながら、ちょっと元に戻ろうとする、というような微妙なイメージがあります。「ふかふか」の眼目は、加えられた重みは柔らかく受け止めながら、ゆっくりと復元するというところにあるようです。このへこみながらも、すこし元に戻るというところがあるからこそ、子供たちは、ふかふかの蒲団やソファ

ーが目の前にあるとたまらず、歓声を上げて飽きることなく飛び跳ねているわけです。

このとき、似た言いかたの「ふわふわ」には、若干その復元力が欠けていて、「ふわふわの蒲団」「ふわふわのソファー」という言いかたには少し違和感も覚えますし、あえてそう言ってみると、なにか頼りない感じがしてしまいます。ただ、「ふわふわ」は、その〈無抵抗感〉がいいので、「ふわふわのムース」「ふわふわのクリーム」が「ふかふか」しては、ちょっと重く、食感がそこなわれます。

一方、**「ふっくら」の方には、なにか下から突き上げてくる力のようなものを感じます。**これは、「ふっくら」が、動詞の「ふくらむ」や「ふくれる」という言葉と関係があるからだと思われます。現在ではなくなってしまいましたが、「ふくら」というオノマトペが古くはあり、「種はやせこけいでふくらとしていた体ぞ」（『古活字本毛詩抄《こかつじぼんもうししょう》』一七、一七世紀前半）という例があります。これは、種がやせこけていないで、「ふくら」とした様子だったと言うのですから、種からじゅうぶんなふくらみが感じられる様子を言い表しています。この「ふくら」を強調したのが「ふっくら」なのです。ただし、いっぱいいっぱい、ぱんぱんにふくらまずに、柔らかさを残してふくらんでいるところに、「ふっくら」の持ち味があります。

〈ゆっくりと復元する力を保ちつつ、柔らかく受け止める様子〉の「ふかふか」と、〈内側からふくらんで、柔らかさを保った様子〉の「ふっくら」。パンだと、どちらが柔らかく感じるでしょうか。「ふっくら」は、内側からふくらんでいく力を表すのみです。「ふかふか」は少しへこむ方向と、元に戻ろうとする方向という、バランスのとれたふたつの力があります。このバランスから見れば、「ふかふか」の方が柔らかいと言えるのではないでしょうか。でも、どちらのパンが好みかは、ひとそれぞれでしょう。「ふかふかした食感のパン」も「ふっくらした食感のパン」も、どちらも美味しそうです。

「パリパリ」と「サクサク」
どっちの方が歯ごたえが軽い？

日本語の食感を表すオノマトペは豊富です。「かりかり」「もぐもぐ」「ごくごく」と、口の先から喉の奥――歯ごたえ、口当たりから、喉ごしに至るまでそろっています。「パリパリ」と「サクサク」も、その仲間で、軽めの歯ごたえを表すオノマトペです。

「パリパリ」食べると言って連想するのは、私の場合ですと、まずは、大根を細切りにしたサラダです。歯ごたえがあって、しかもみずみずしい。それ以外だと、キュウリの漬物、かた焼きソバの麺、焼餃子の羽、薄焼きのしょうゆ煎餅、といったところでしょうか。一方、「サクサク」の方ですと、サブレのような焼き菓子、クッキー、かりっと上手に揚がったかき揚げ、などを思い浮かべます。こうしてみますと、「サクサク」歯ごたえのある方が、表面がもろく、軽い力で割れたり切れたりしそうです。

「パリパリ」歯ごたえのあるものは、表面がかたく締まっている感じです。まっ先に挙げた大根細切りサラダにしても、みずみずしい弾力を感じます。というわけで、「パリパリ」と「サクサク」で、どちらが歯ごたえが軽いかと言えば、「サクサク」の方だと思われます。

ところで、この「サクサク」、最近は、歯ごたえだけでなく、「仕事が**サクサク**進む」「サクサク動くパソコンのソフト」などのように、

〈滞りなく軽快にものごとがはかどる様子〉を表すオノマトペとして使われるようになりました。

また、最近、「キッコーマン　サクサクしょうゆ」というふりかけを目にしました。この名前には「食事がサクサク進む」という意味合いが含まれているようにも感じられます。歯ごたえと仕事、状況は違いますが、これらの「サクサク」は〈抵抗のなさ〉という点で通じ合うように考えられます。

そもそも、「サクサク」は、鎌倉時代から長く用いられていたオノマトペで、当初は、「白く新らしき桶に水を入れて、此の釜どもにさくさくと入る」（『宇治拾遺物語』巻一・十八、十三世紀前半）のように、釜に水を途切れることなく入れる場面で用いられていました。しかし、これも、〈滞りなくはかどる様子〉という意味で理解できます。さらに、〈抵抗なく軽快にものをかみ切る音、または様子〉という意味も、同じ鎌倉時代から始まっています。また、江戸時代の初めに出来上がった『日葡《にっぽ》辞書』という辞典には「さくさく物を言う」という表現が載っていて、〈ためらうことなくはっきりとものを言う〉意味だと説明されています。

〈水を間断なく流し込む様子〉〈抵抗なく軽快にものをかみ切る音やその様子〉〈ためらうことなくはっきりとものを言う様子〉〈滞りなく軽快にものごとがはかどる様子〉というように、「サクサク」は、さまざまな意味を持っているようですが、その根底にあるのは、〈滞りなくはかどる様子〉という、全体を統一する意味なのです。

「パリパリ」の方は、「サクサク」よりは少し新しく、江戸時代以降からの例が見え、〈歯切れよく物をかみ砕く音やその様子〉という、現代に通じる意味で用いられています。さらには、〈火がはぜる音を立てて燃える様子〉や、〈ぴんと張った布や紙が破れる音やその様子〉といった意味にも変化していきますが、それらをまとめると、〈甲高く勢いのよい音やその様子〉という共通項が見えてきます。

また、〈ぴんと張った布や紙が破れる音やその様子〉という意味からは、〈布や紙がぴんと張りつめる様子〉という部分が強調されて、「**パリパリ**の一万円札」とか、「ぱりぱりの背広」といったような言いかたも生まれました。

以上を短く整理すると、**「パリパリ」は、張りに力強さがあり、「サクサク」は、もろくたわいもないという感じ**になります。とすれば、やはり「サクサク」の方が歯ごたえは軽いという結論になります。

「あっさり」と「さっぱり」どっちの方が淡白な味？

前の日がパーティーで、おおいに飲み、食べ、語った次の日は、かなりエネルギーが低下してしまい、胃の方も、あまりこってりしたものは受け付けにくくなります。そんなときは、「今日は、**あっさり**したもので済ませたい」と思います。この〈淡白な味〉を意味する言葉としては、ほかに、「今日は、**さっぱり**したものが食べたいなあ」などというように、「さっぱり」もあります。それでは、「あっさり」と「さっぱり」とでは、どちらの方が淡白な度合いは上なのでしょうか。

「あっさり」は、食べ物の味について言うほか、「あのひとは、あっさりした性格だ」のように、〈なにかとうるさかったり、こだわったりせずに、比較的軽く事を済ませる様子〉を意味します。また、「犯人は、あっさりと罪を認めた」と、〈時間や手間を掛けさせることのない様子〉についても言うことができます。「あっさりした性格」の反対は「しつこい性格」でしょうから、「あっさり」には、しつこくないというニュアンスも含まれます。食べ物の味で言うと、「あっさり」は、「あっさりしょうゆ味」「あっさり塩味」という言いかたもあり、味付けの調節ができる調味料の薄めの味付けについても言います。これも、〈軽く味付けをする様子〉というように言い換えれば、これまで見た「あっさり」の意味と結びつきます。

「さっぱり」も、食べ物の味について言うほか、「汗をシャワーで流してさっぱりする」のように、〈不快感が解消されて気持ちのよい様子〉、「約束をきれいさっぱり忘れていた」のように〈余すところのない様子〉についても言えます。これで見ると、「さっぱり」は、なにか心に引っかかるものがあるとき、それがまったくなくなることについて言うのが中心的な意味のように思われます。人間の性格について、「あのひとはさっぱりした性格のひとだよ」などと言うときも、なんのこだわりも残さないような解決をすることを常としていることが伝わります。そして、その結果、淡白な性格だと言われるわけです。食べ物の味で言うと、「さっぱり」は、「さっぱりしょうゆ味」「さっぱり塩味」のほか、「さっぱりレモン味」のような柑橘系についても言えることに気づきます。これも、舌や口のなかを柑橘系の味で一掃すると考えると、まえと話がつながります。

以上のところから、食べ物の味にしぼって、「あっさり」と「さっぱり」では、どちらが淡白さの度合いが上なのかを考えてみます。まず、「あっさりしたドレッシング」と「さっぱりしたドレッシング」を比べてみると、**「あっさり」の方は、味付けそのものがあまり濃くないと考えられますが、「さっぱり」の方には、さきに述べた柑橘系のような、しっかり主張した味付けがある**ように思われます。「さっぱり」は、味としては、そう濃厚ではないかもしれませんが、際立った個性があるイメージです。舌や口のなかを一掃するには、それだけの個性が必要なのです。

また、「あっさりした鯛の蒸し煮」とは言えますが、「さっぱりした鯛の蒸し煮」と言うと、若干違和感があり、もし言うとすると、その鯛の蒸し煮の白身には、カボスのようなもので味付けする必要があります。というわけで、「さっぱり」は、淡白ななかにも味の個性がありますから、淡白さそのものの基準によって考えると、「あっさり」の方が上だと思われます。

「べっとり」と「べったり」どっちの方がしつこい？

スパゲティ・ミートソースを食べていて、プレゼントしてもらったばっかりのネクタイに、挽肉のトマトケチャップ炒めのソースをうっかり落してしまう。これは最悪です。いや、もらったばかりのネクタイを締めてスパゲティ・ミートソースを注文するというところに戻ってやり直す必要があるのかもしれませんが……。

このネクタイについた汚れを、泣きたい思いをこらえつつ、なんと言うべきか。「べっとりとついた汚れ」か、それとも「べったりとついた汚れ」か。ふたつを比べてみると、「べっとり」の方は量が多く少し盛り上がっているように感じるのに対して、「べったり」の方は厚みはそう感じませんが、密着感が感じられます。ただ、量が多い分、「べっとり」の方がしつこい汚れになりそうです。

「べっとり」「べったり」は、汚れ以外についても言えます。次の例はどうでしょう。

○母親に小さな子供がべっとりとまとわりついている。

○母親に小さな子供がべったりとまとわりついている。

そもそも「べっとりとまとわりついている」というような言いかたをあまり聞かない、ということもありそうですが、もし言うとすると、これは相当しつこく、傍目《はため》にもいい印象を与えないと思

います。つまり、「べっとり」は、はっきりと不快です。これに対して、「べったり」は、たしかにうるさくまとわりついている様子を言いますが、子供は気の済むまで甘えているようで、なにか微笑ましくもあります。「あの子は、いつも母さんべったりで……」というのは、軽い非難の言いかたではありますが、どこかでしょうがないという気分も感じます。ということで、まとわりつく場合も、**しつこさの度合いは、「べっとり」に軍配が上がりそうです。**

「べっとり」も「べったり」も、濁音から始まっているということで、オノマトペの原則から言えば、もともといいニュアンスにはなりません。濁音で始まるオノマトペは、清音や半濁音で始まるものに比べると、重さや不快さや力のこもった様子などを表します。

現代の言いかただと、清音の「へっとり」「へったり」は聞き慣れないものですが、江戸時代に、言葉のニュアンスやよしあしについて記した安原貞室《ていしつ》の『かたこと』（一六五〇年）には「へったりはひらひら座する皃《さま》　何にても　ひらめなる物をすへたるをいう歟《か》」という例が見えます。これは座る様子を表していますが、そういえば、現代の言いかたにも、「べったり座る」という言いかたがあります。畳や床の上に腰を下ろして体重をすっかり預けるようなイメージです。それに対して、この「へったり」の方は、「ひらひら」と軽い感じで「ひらめなる物をすへたる」、つまり平らなものを置いたようだというのです。軽い感じ、弱々しい感じが伝わってきます。

これが半濁音の「ぺっとり」「ぺったり」になると、かなりニュアンスが変わってきます。軽く、力もこもらず、場合によっては、可愛らしいニュアンスも生まれます。たとえば、「子猫がぺったりと腕にくっついてくる」、小うるさい感じもしますが、はっきりとした不快さは感じないのではないでしょうか。いや、猫好きだったら可愛くてたまらないのでは？　この「ぺったり」には密着感も感じますが、その密着感が不快に転じたものが「べったり」ということになります。

「はらはら」と「ひらひら」どっちの方が桜の散り際が切ない？

三月下旬から四月上旬は、学校や会社にとっては、特別な時期です。学校ならば、卒業と入学の時期、会社ならば、定年で去って行くひとを送り、新入社員を迎える時期です。つまり、別れと出会いの時期です。この時期をいろどる花が、桜です。関東や関西近辺は、特に、その気分が濃いのではないでしょうか。実は、東北だと、桜のピークはむしろゴールデンウイークですから、卒業と入学とは、あまり結びつかないのです。ほかの地方も、またしかりなのではないでしょうか。

とはいえ、「桜前線」という言葉もあるように、それぞれの地域で、桜がいつ見頃になるのかが気にされ、話題にもなります。そのとき、いつ満開になるのかも重要なのですが、どれだけ長く見ていられるのかということにも強い関心が向きます。ただ、不思議なもので、長ければ長いほどいいかというと、そうでもないようです。なんというか、もうちょっと見ていたいなと思う時期に散ってもらうのが、一番望ましいようなのです。なんと身勝手なことでしょう。もう少し見ていたいと思うのに、慌ただしく「はらはら」と散ってしまう切なさを、どこかで楽しんでいるのではないかとさえ思ってしまいます。

ところで、桜の散り際を表す言葉には、もうひとつ「ひらひら」もあります。どちらが切なさをかきたてるでしょうか。

「はらはら」は、いろいろな意味のあるオノマトペで、〈ものがこぼれたり、落ちる様子〉を表すものに限っても、「黒髪がはらはらと肩にこぼれかかる」「涙がはらはらとこぼれ落ちる」「雨がはらはらと降りしきる」のように、髪や涙、雨について言うことができます。いずれも、〈軽いものが、少し不規則な動きをしながら落ちてゆく様子〉という点で共通します。「はらはら」を「ばらばら」にすると、「はらはら」では感じられなかった〈重さ〉を感じます。「ばらばらと雨が落ちてきた」だと雨粒は大きそうです。

また、「はらはら」には、「映画の主人公の危機にはらはらする」という〈心配で、気をもむ様子〉を意味するものもありますが、「主人公の危機にばらばらする」という言いかたができませんから、別の言葉だと考えた方がよいかもしれません。

「ひらひら」は、花びらのほかに、「ハンカチをひらひら振って別れを惜しむ」「蝶がひらひらと舞う」のような言いかたも可能です。これらに共通するのは、〈薄く平らなものがゆれ動く様子〉というところです。この〈薄く平らなもの〉であるという特徴は、「はらはら」にはなかったものです。「可愛いひらひらのついたスカート」などという言いかたもありますが、これも〈薄く平らなもの〉です。「はらはら」では置きかえられません。このほか、「ひらひら」は、古くさかのぼると、光がゆれる様子にも用いられたようですが、現在では失われてしまったようです。

〈軽いものが、すこし不規則な動きをしながら落ちていく様子〉を意味する「はらはら」と、〈薄く平らなものがゆれ動く様子〉を意味する「ひらひら」。桜の散り際について言うとき、**どちらが切なさをかもしだすでしょうか。動きを客観的に追うような「ひらひら」よりは、ものの動きだけでなく、感情も重なるような「はらはら」の方ではないかと思います。**「はらはら」舞い散る桜の花びらには、散るのを惜しむ歎きの涙の「はらはら」が重なるようにも思えます。

「ぴかぴか」と「きらきら」

どっちの方が輝いている？

新年度になると、新しいひとたちがやって来ます。まさに「**ぴかぴか**の新人たち」です。身なりも新調したものでかためていて、まさに、ぴかぴかに輝いています。ところで、「ぴかぴかの新人」とは言いますが、同じような意味で、「きらきらの新人」という言いかたは、あまり耳にしないように思います。しかし、まったく言えないかというとそうでもなく、少しニュアンスが異なってくるようにも思われます。また、最近、「キラキラネーム」という名前をよく聞きますが、「ピカピカネーム」という方は、あまり聞くことはありません。それでは、「ぴかぴか」と「きらきら」は、どういう点が違っていて、また、どちらの方が輝きは上なのでしょうか。

「ぴかぴか」は、「ぴかぴかの新人」という言いかたのほか、「稲妻が遠くでぴかぴかと光った」のように〈鋭い光を放つ様子〉や、「廊下をぴかぴかに磨く」のように〈つやがあって、光を反射する様子〉の意味で用いられます。それ自体が光源の場合も、ほかからの光を反射して光る場合もあります。「ぴかぴかの新人」という言いかたは、〈真新しい様子〉という意味ですが、「ぴかぴかの新車」という言いかたをあわせて考えてみると、「新車」は真新しいからぴかぴか光るのだという理屈を、「新人」にも当てはめたということになります。「ぴかぴか」には、一種の照りの感覚があり、目を射るばかりの光を放っているという感じがあります。だから、「ぴかぴかの新人」は、どこか眩しいのです。〈正視できないほど立派だ〉という意味の「目もあやに」という言いかたもありますが、まさにそれに近いものがあります。さらに、「ぴかぴか」を「ピカピカ」と片仮名にすると、さらに金属的な感覚もともなって、放つ光は強くなるようにも感じられます。

「きらきら」は、「ぴかぴか」と同様に〈光り輝く様子〉を意味する言葉ですが、〈華やかな魅力を発散する様子〉というニュアンスが加わります。「きらきらの新人」とあえて言えば、その新人は、その魅力をあたりに発散しているというイメージになります。そして、その光は、真っ直ぐ目を射てくるというよりも、その場でゆれ動いている感覚です。「キラキラネーム」と言って「ピカピカネーム」と言わないのは、〈華やかな魅力を発散している〉という感じが出ないからだと思われます。「きらきら光る宝石」と「ぴかぴか光る宝石」という言いかたを比べたとき、「ぴかぴか」の方が、なにか、安物な感じ、もっと言えば、ニセモノのような感じがするのは、「きらきら」と比べて〈魅力〉の点で劣り、光が必要以上に強いようで、怪しさを感じるからでしょう。すこし古い言いかたですが、「安ピカもの」という言葉もあります。ピカピカ光るだけの安物という意味です。また、「**きらきら**と期待に満ちた目」と「ぴかぴかと期待に満ちた目」を比べると、後者には違和感を感じます。「きらきら」も、「キラキラ」と片仮名にすると、金属的な感覚が強まって、光がゆれ動くときの映えかたが一層強くなるようにも思います。

以上のことから、「ぴかぴか」と「きらきら」では、どちらが輝いているかというと、〈華やかな魅力を発散する〉というニュアンスが加わる分、「きらきら」の方であると考えられます。ただし、どちらが「光っているか」という問いかたにすると、「ぴかぴか」になるかもしれません。「ぴかぴか」の光は強いからです。

「ぎゅうぎゅう」と「ぱんぱん」どっちの方が詰め込んでいる？

満員電車に乗っている気持ちは、苦しいという言葉だけでは言い表せません。**ぎゅうぎゅう**に詰め込まれて身動きがとれず、息もできず、ただ電車のゆれるままに、たたらを踏んで右往左往する。人間扱いされていないような気にもなります。駅では、余裕を持ってひと列車待ってください、というようなアナウンスが流れることもあります。けれども、そのひと列車あともおなじ満員なら、いつまで経っても乗れずに、会社や学校に遅刻してしまうのですから、強引に乗り込んでくるひとを、一概に悪くは言えません。この〈無理やり詰め込む様子〉を表す言葉としては、「ぎゅうぎゅう」のほかに「ぱんぱん」も考えられます。**ぱんぱん**に膨れたかばん」のように。それでは、「ぎゅうぎゅう」と「ぱんぱん」とでは、どちらの方が詰め込んでいる程度が大きいのでしょうか。

「ぎゅうぎゅう」は、〈無理やり詰め込む様子〉のほかに、「罪人を縄でぎゅうぎゅうに縛りあげる」のような〈強く締め付ける様子〉、「議論を仕掛けてぎゅうぎゅう言わせる」のような〈強く責め立てる様子〉を意味する用法があります。これらを全体的に見ると、「ぎゅうぎゅう」は、〈強い力で押し込んだり絞りあげる様子〉というようにまとめられます。「ぎゅうぎゅう」の「ぎゅう」からは、さらに「ぎゅ」という要素を取り出すことができ、「ぎゅっ」「ぎゅん」のような派生も可能です。「ぎゅっと手を握る」「そういううちにも大きな掌《てのひら》は、むずと、［琴の］十三本の絃《いと》をいちどきに握って、ギュンと音をさせて締めあげた」（長谷川時雨《しぐれ》『朱絃舎浜子《しゅげんしゃはまこ》』一、一九三八年）のような例を見ると、「ぎゅっ」や「ぎゅん」も、やはり、〈瞬間的に強く握ったり締めあげる様子〉の意味で用いられていて、「ぎゅうぎゅう」との意味上の関連が見てとれます。「ぎゅう」は、「ぎゅ」の音を長く伸ばして、動作や行為の時間が長かったり念入りだったりすることを表したものです。その「ぎゅう」を二回繰り返すことで、さらに時間をかけたり、力を込めたりしているというニュアンスが生まれているわけです。

「ぱんぱん」は、〈無理やり詰め込む様子〉のほかに、「食べ過ぎでお腹がぱんぱんになる」のような〈はち切れんばかりの様子〉も意味します。また、「平手で壁をぱんぱん叩く」や「爆竹がぱんぱん鳴る」のような、〈連続する明るく大きい音〉を意味する用法もありますが、これは擬音語ですから、今の問題とは直接の関係はありません。ただ、もっと詰めると、ぱんと音を立てて弾けて割れんばかりだというような感覚のつながりはあるのかもしれません。

以上のように考えてくると、「ぱんぱんに膨れたかばん」というときの「ぱんぱん」は、〈無理やり詰め込む様子〉そのものを表すよりも、無理やり詰め込んだ結果、〈はち切れんばかりの様子〉になっているということを表していると見た方がよいようです。「袋がぱんぱんになるまで、買った物をぎゅうぎゅう詰め込む」という言いかたができるということは、**「ぎゅうぎゅう」押し込んだその先に「ぱんぱん」の状態がある**ことを意味します。

というところから、「ぎゅうぎゅう」と「ぱんぱん」では、どちらの方が詰め込んでいる程度が大きいかというと、「ぱんぱん」だということになります。

「ちょいちょい」と「ちょくちょく」

どっちの方がなじみの客？

こぢんまりした飲み屋さんに、ふと引かれて入ってみる。先客がいて、店主となにやら話をしている。邪魔しないように席を定める。先客が帰る。店主がこちらに、「どうもお相手しないですみませんでした。**ちょいちょい**見えるお客さんなんですよ」と詫びる。「いや、別に構いません」と返す。おなじみさんなら、相手にしないわけにはいかない。――そういうときの、「ちょいちょい見えるお客さん」と同じような表現に、「**ちょくちょく**見えるお客さん」という言いかたもあることに気がつきます。「ちょいちょい」と「ちょくちょく」、「い」と「く」が違うだけです。どっちも常連さんの表現に使うことができますが、〝お店にとってどんな常連さんか〟が、ちらりとにじんでいるのでしょうか。

「ちょいちょい」は、「ちょい」が繰り返された言葉ですが、「ちょい」は、民謡『八木節』の「ちょいと出ました三角野郎が」という歌詞や、「寒いのでちょいと上着を引っかけて外へ出た」などのように、〈身軽に瞬時におこなう様子〉を意味します。これは、「小鳥が、枝から枝へ、ちょいちょいと移りわたる」と、「ちょいちょい」になっても引き継がれています。

また、「こんな仕事は、ちょいちょいとやってやるよ」とも言えますから、〈気軽に時間をかけずにおこなう様子〉も意味します。「ちょいちょ

い」の根本的な意味は、〈気軽に、または身軽に、短い時間でおこなう様子〉であると言えます。それを繰り返しているのが、「ちょいちょい見えるお客さん」ですから、この「ちょいちょい」は〈気軽に、短い間隔で何度もやって来る様子〉ということになります。

「ちょくちょく」は、〈同じことを短いあいだに何度も繰り返す様子〉を意味する専用の言いかたです。「ちょくちょく人生相談を持ちかける相手」「あいつ、なにか口実を設けては、ちょくちょく外出するんだよな」などでわかるように、その繰り返す行動は、人生相談のような重い内容から、サボる口実を設けて外出するという軽い内容まで、さまざまな段階があります。このとき、「ちょいちょい人生相談を持ちかける相手」というと、なにかバカにしているようなニュアンスが出てしまうことは注意すべきところです。つまり、「ちょくちょく」の重いところを「ちょいちょい」で置きかえることはできないのです。

一方、「ちょいちょいサボって外出する」はまったく問題ありません。それは、「ちょいちょい」が〈気軽におこなう様子〉という意味を持っているところからすれば、当然のことです。

逆に言うと、「ちょくちょく」は、それなりの気持ちを持っておこなっているということになります。とすると、サボる社員くんが「ちょいちょい外出する」のと、「ちょくちょく外出する」のは意味合いが異なることになります。**「ちょいちょい」が、何の気なしにやっているのに対して、「ちょくちょく」は、それなりの覚悟がある**ということになります。

以上のところから、「ちょいちょい」と「ちょくちょく」では、どちらが客としてなじみが深いかというと、「ちょくちょく」であるということになります。「ちょいちょい」やって来るお客さんは、軽い気持ちでやってきているので、そう深い思い込みがあるというわけでもないのです。だから、「ここ、ちょいちょい来る店なんだ」と紹介されるか、「ここちょくちょく来る店なんだ」と紹介されるかでは、実は、大きな違いがあるのです。

しかし、そうすると、店主から「ちょいちょい見えるお客さん」と言われるか、「ちょくちょく見えるお客さん」と言ってもらえるかも、大変な違いがあるということになります。

「からり」と「すかっと」

どっちの方が晴れ上がっている？

雨は五穀をうるおすと、言葉ではわかっていても、体は濡れるし、傘を持たなければならないしと、なにかとわずらわしく思ってしまいます。だから、雨が上がって、空がすっきり晴れ上がると、とても爽快です。「あんなに降っていた雨が**からり**と上がった」と言えば、雨が降っていたときのじめじめした感覚がまるでうそのようだという実感を表しています。同じような表現として、「**すかっと**晴れた空を見ると気分がいい」というときの「すかっと」という言いかたもあります。どちらも、〈爽快に晴れ上がっている様子〉を意味します。それでは、「からり」と「すかっと」では、どちらの方が晴れ上がった程度が上なのでしょうか。

「からり」は、〈空が晴れ上がる様子〉のほか、「フライドポテトをからりと揚げるのはなかなか難しい」のように〈水分がきれいになくなった様子〉や、「あのひとはからりとした性格だ」のように〈妙なこだわりがなく大らかな様子〉などの使いかたがあります。ほかにも、「引き戸をからりと開けた」とか、「箱のなかでなにかがからりと音を立てた」のような、擬音語の場合もあります。これは当面の問題に直接は関わりませんが、「からり」という音のイメージは軽く乾いたものですので、深いところでは結びついています。全体をまとめると、「からり」は、〈水分やこだわりが一切なくなって、軽く乾いた様子〉ということになります。

「すかっと」は、〈空が晴れ上がる様子〉のほか、「やっかいな仕事が一段落してすかっとした気分だ」のように、〈胸のつかえがおりる様子〉の意味にも用いられます。このとき、「すかっと」は、たとえば、「原稿を一枚書き終えてすかっとした」だと大げさに聞こえるところからもわかるように、なにか、わだかまりや、つっかえたものがずっとあって、それが解消したという場合に用いられます。だから、「すかっと爽やか」などという言いかたも生まれたのでしょう。また、「すかっと空振りした」のような言いかたもあるところから、「すかっと」には、〈完全にはずす様子〉という用法もあります。「すかっと」の「すか」は、「すかすか」のような言いかたで〈なかになにもない様子〉を表すこともできます。また、「すかをつかむ」というと、外れくじを引くことを意味します。まとめると、「すかっと」は、〈つっかえるものがなくなった様子〉ということになります。

以上から、「からりと晴れ上がる」と「すかっと晴れ上がる」では、どちらが、その程度が上なのかを考えてみます。「からり」は、それまでの湿った感じが失せたというところが中心になるのに対して、「すかっと」は、それまでの鬱陶しい感覚が消え去ったというところが中心になります。つまり、**「からり」は湿度という客観的な状態に対して言って、「すかっと」は鬱陶しさという主観的な感覚に対して言っている**という差がありまず。そうしますと、晴れ上がった程度そのものについて言っているのは、「からり」の方だということになります。つまり、「すかっと」は、実は、晴れ上がったことそのものよりも、そのことについての自分の爽快な気分が中心になっているということです。ということで、晴れ上がった程度が上なのは、「からり」ということになります。

「かんかん」と「じりじり」どっちの方が日射しが強い？

最近、夏の気温が、以前と比べて非常に、いや異常に高いと感じませんか。夜、クーラーをつけないと寝られないようになったことなど信じられない思いです。私の郷里は東北のうちでも真ん中よりやや北寄りなのですが、子供のころ、夏場はいくら暑くても二八度ぐらいが限度で、しかも湿度は低くて快適でした。ですから、郷里を離れたあとも、夏に帰省するのは、まるで避暑地に行くような気分でした。

ところが、ある夏に帰って居間に入ったら、なんと、クーラーが取り付けてありました。本当に信じられませんでした。夏がひどく暑くなったのには、さまざまな理由が考えられるでしょうが、そのひとつに日射しがあることは間違いありません。日射しってこんなに顔をしかめるほど強かったっけ、と思ってしまいます。

そんな照りつける太陽の様子を表すオノマトペとしては、「かんかん」「じりじり」「ぎらぎら」「きらきら」「さんさん」などが考えられます。このうち、「さんさん」は、明るく日射しの降り注ぐ様子を表しますが、ひどく照りつけるというところまではいかないように思います。「きらきら」も、日の光としては、ただただ心地よいだけです。そうすると、残るのは「かんかん」「じりじり」「ぎらぎら」ということになりますが、まず、「かんかん」と「じりじり」を比べ、そのあと、「ぎらぎら」を加えて考えてみることにします。

実際に用いられた例を見てみます。

○今まで焼けつくように日が**かんかん**照っているかと思うと、忽ちに何処からか黒い雲が湧き出して来て、あれという間も無しにざっと降ってくる。（岡本綺堂『半七捕物帖』雷獣と蛇 二、一九二三年）

これを見ますと、「焼けつくように」とありますから、かなり強いことが推測されます。一方、「じりじり」も、

○朝の陽光が**じりじり**と縁側の端を照りつけているのを見ただけでも彼は堪《たま》らない気持をそそられる。すべては烈《はげ》しすぎて、すべては彼にとって強すぎたのだ。（原民喜『苦しく美しき夏』、一九四九年）

「烈しすぎて」とありますから、これも強そうです。

ところで、「かんかん」の例を見ていきますと、あることに気づきます。「かんかん」と照る太陽の光は、夏だけに限定されないのです。

○冬の日がかんかん照つていた／川岸の枯草の中から首だけ出して／八十九歳の老人が釣をしていた（蔵原伸二郎『岸辺』、一九六四年）

○秋日のカンカン照っているテニス・コートの上で、菜葉《なっぱ》服の職工連が、コスモスの花を背景にして、向い合ったり、組み合ったりして色々なシグサを遣《や》るのはナカナカの奇観であった。（夢野久作『オンチ』、一九三六年）

冬でも秋でも、日は「かんかん」照るのです。これはどういうことでしょうか。オノマトペ「かんかん」は、もともとは擬音語です。なにか金属を叩いたときに出るような、鋭く明るい音を表します。というところから、日が「かんかん」照るとは、〈光が明るく鋭く照らす様子〉を意味しますから、暑さというのは必ずしも条件として必要ではありません。

一方、「じりじり」の方も、もともとは「じりじりと肉が焼ける」というようなときの、脂身が火に焦げる音を表した擬音語でした。こちらは、

「暑さ」ならぬ「熱さ」が関与しています。「じりじりと日が照る」というのも、少しずつ焼け焦がしてくるような日の光を表したものと言えます。

以上のところから言えるのは、**「かんかん」は日射しの鋭さと明るさをもっぱらを表し、「じりじり」はまさに焼け付くような日射しの熱を表す**ということになりますから、日射しの威力が強いのは「じりじり」ということになりそうです。

さて、これらと「ぎらぎら」の関係はどうなるでしょうか。「ぎらぎら」で思い出すのは、「ぎんぎんぎらぎら夕陽が沈む」という童謡です。「ぎらぎら」は夕陽についても言えます。とすると、「ぎらぎら」は、なにか〈どぎついぐらいに光っている様子〉を表しているのであって、日射しの強さそのものを表しているわけではなく、むしろ、日射しから受ける印象の強さを表しているということになります。

「じとじと」と「じめじめ」どっちの方が不快に感じる？

日常生活では、気温に比べて、湿度が数値として強く意識されることは少ないように思います。「今日は暑いなあ、三五度を軽く超えているんじゃないか」などとは普通に言い合いますが、「今日は、なんか蒸し暑いなあ、きっと湿度八〇パーセント以上だぞ」などという会話は、あまり耳にしません。これは、気温が絶対的な温度で表せるのに対して、湿度はパーセントという割合で表されているからかもしれません。しかし、湿度を数値として話題にすることはなくても、日本人はおおむね、湿気に対しては敏感です。からっと晴れた日は、とても爽快な気分になりますし、冬の乾燥した空気のなかでは、いつパチッと静電気が起きるかとびくびくします。冬の静電気は、私の個人的な感覚なのですが、共感を持ってもらえるひとは多いと思います。一方、梅雨どきの湿気のやたら高い時期は、不快指数もどんどん高くなります。「今日は、**じとじと**して、ほんとにいやだなあ」、そんな言葉が口をついて出ます。〈ひどく湿気があって不快な様子〉を表すオノマトペとしては、ほかに「じめじめ」もあり、「今日は、**じめじめ**して、ほんとにいやだなあ」とも言えます。この両者、どちらがより不快感が高いのでしょうか。

「じとじと」は、空気中にひどく湿気がある様子も表しますが、「雨のなかを歩いてきて、じとじとになった服」「梅雨どきのじとじとした畳」のような言いかたもできます。つまり、空気に限らず、あるものが不快なほどひどく湿気を含んでいる様子を言い表す言葉です。「じとじと」の「じと」は、「じっとり」「じとっ」のような派生もできます。「じとっという視線を感じる」といえば、時に不快なまでのやりきれないほどの重さや、なにか粘っこく離れないような感覚を感じます。

「じとじと」と湿気を含んだ服や畳は、それだけ重くなる理屈ですから、重さの感覚が生まれるのもうなずけます。

「じめじめ」は、〈ひどく湿気があって不快な様子〉を表すほか、「景気のよくないじめじめした話」とか、「じめじめした性格」のように、〈湿気〉とは直接関係ない、〈陰気で、活気の感じられない様子〉という意味でも使うことができます。「じめじめした日」というのも、重く曇った、なにか薄暗いようなイメージです。明るい、とか、からっとしているという感覚と対極なのが「じめじめ」の感覚のようです。

「じめじめした話」「じめじめした性格」を「じとじとした話」「じとじとした性格」と言ってみると、違和感を感じます。「じとじと」は「話」や「性格」のような抽象的なことがらよりも、「服」や「畳」のような具体的なものについて言うのが普通です。ただし、「じとじとした性格」と言ってみると、なんとなく伝わりそうではあります。こだわりの気持ちが強くて、執念深そうな感覚です。「じとっ」という言葉と共通する、重さ、粘っこさが感じられます。

〈重さ、粘っこさの感覚を伴う、ひどく湿気のある不快感〉を表す「じとじと」と〈陰気で活気のない感覚を伴う、ひどく湿気のある不快感〉を表す「じめじめ」。どちらが不快かと考えると、〈重さ、粘っこさ〉がまとわりついてくる感覚がやりきれない分、「じとじと」の方がいやな感じが強いでしょう。

「うじゃうじゃ」と「うようよ」

どっちの方が気持ち悪い？

子供のころ、ある冬の日に、庭の片隅で何層にも積み上がっている古い落ち葉が気になり、木の枝でひっくり返してみたことがあります。すぐに後悔しました。めくりあげた落ち葉の下には、無数の小虫が**うじゃうじゃ**していたのです。

もっとも、小虫の気持ちになってみれば、せっかく寒さをしのいで、ぬくぬくと冬を越そうとしていたのに、ねぐらはひっくり返されるわ、冷たい外気にさらされるわで、たまったものではなかったと思います。しかし、それを差し引いても、やはり、無数の小虫が目の前でうごめいているのは、気持ちが悪いものでしかありません。この〈無数の生き物がうごめいて気持ち悪い様子〉を表す言葉としては、「葉の裏側には毛虫が**うようよ**いた」のように、「うようよ」も考えられます。それでは、「うじゃうじゃ」と「うようよ」とでは、どんな違いがあって、どちらの方が気持ち悪さが上でしょうか。

「うじゃうじゃ」は、小虫がうごめいている様子について言えるほか、「浜辺には、海水浴客が、うじゃうじゃいた」などと、人間についても言うことができます。この場合は、気持ち悪いというニュアンスよりも、うんざりしてしまうほどだ、というニュアンスが強いと思います。また、「また、あいつ、うじゃうじゃ文句ばっかりたれているよ」などと、〈なんだかんだとしまりなく言い続ける様子〉についても言うことができます。この「うじゃうじゃ」も、気持ち悪いというよりは、うんざりだというニュアンスの方が強く感じられます。つまり、「うじゃうじゃ」は、気持ち悪さが常に前面に出てくるわけではなく、うんざりだという気持が高じたときに、気持ち悪さに転化するというふうに説明できます。そのことは、「海水浴客がうじゃうじゃいる」という例を考えれば、よくわかります。目の前にうんざりするほどいる海水浴客がうごめく姿は、ある種の気持ち悪さも感じさせます。

「うようよ」も、さきに述べた毛虫について言えるほか、「罪人たちは何百となく何千となく、まつ暗な血の池の底から、うようよとはひ上つて」(芥川龍之介『蜘蛛の糸』、一九一八年）のように、人間（この場合は罪人）についても言えます。この「うようよ」は、蜘蛛の糸に取りすがって、左右に細かくゆれながら前進する罪人たちの動作を描写しています。「うようよ」の中心的な意味は、この〈左右に細かくゆれながら進む様子〉にあるように思います。「うごめく」というのは、場所を移動することなく、さまざまな方向に細かく動くことを言いますから、「うようよ」は、前進する分、動きが大きいことになります。

〈うんざりして気持ちが悪くなる様子〉を意味する「うじゃうじゃ」と〈左右にゆれながら細かく進む様子〉を意味する「うようよ」。どちらの方が気持ち悪さが上かを考えたとき、「うじゃうじゃ」は、本来的には〈うんざりするほどの様子〉であって、気持ち悪さを表す専用の言葉ではなかったことは、大きなポイントです。

また、「うじゃうじゃ」は、「細かな花がうじゃうじゃと咲いている」というように、動かないものについて言えることも考え合わせると、**「うようよ」の左右に細かくゆれながら進むというのが、余計に不気味に思えます。**さらに、「うようよ」には、ぬめりのような触感もあります。というところから、気持ち悪さが上なのは、「うようよ」です。

コラム
3

外国語のオノマトペと比べてみよう

「オノマトペ」という言葉は、フランス語由来なのですが、そのフランス語にも、オノマトペはあります。たとえば、「コキリコ」。これは、ニワトリの鳴く声です。つぎに、「ロンロン」。これは、ネコが喉をゴロゴロ鳴らす音です。フランス語の「ロ」は喉で出す音なので、ネコのゴロゴロと奇妙に合います。また、英語で、猫の鳴き声「ミュウミュウ」、犬の鳴き声「バウワウ」、ニワトリの鳴き声「コッカドゥルドゥルドゥー」などは、よく知られています。

これらを見ると、いわゆる擬音語ばかりで、擬態語の例がないことに気づきます。実は、英語でもフランス語でも、明確に擬態語と呼べるものを指摘することが難しいのです。ですから、日本語の擬態語を翻訳するときには、説明的に訳さなければなりません。擬態語が発達している言語としては、日本語のほかに韓国語が知られていますが、最近の研究では、それ以外にも、アフリカのいくつかの言語、バスク語というフランス西端部、スペインとの国境にまたがる地域の言語などにあると言われています。オノマトペは、近年、世界中で関心が持たれているテーマなのです。

韓国語には擬態語があると述べましたが、たとえば、「パングルパングル」という笑う表情を描写するものがあります。これは、日本語の感覚だと、明るく華やかな笑いで、ひとによっては大笑いのように感じるかもしれませんが、実は、〈微笑む様子〉を表したもので、日本語で言えば「にこにこ」に当たるとされます。日本語の「にこにこ」は、控えめで穏やかな表情を表しますから、言語によって、どういう音がどういう感覚を表すのかは、基本的に異なると考えた方がよさそうです。

とはいえ、最近では、丸い図形と尖った図形を見せて、どちらが「kipi」の音で、どちらが「moma」の音に対応するかを尋ねたところ、母語のいかんにかかわらず、丸い図形にmoma、尖った図形にkipiを結びつけるというような調査結果も出てきて、擬態語の音の感覚には世界共通のものがあるのではないかという見方も生まれています。日本語だと、やはり、尖った図形には「カキコキ」のようなk音が選ばれそうです。ただし、これは二択での実験ですから、もっといろいろな音を示して、それでも、丸い図形はmoma、尖った図形はkipiという結びつきになるのだ、というような結果にならないと、まだなんとも言えないのではないかとも思います。

ともあれ、擬態語を持たない言語の話者でも、擬態語のような感覚を持とうとすればできるかもしれないわけですから、今後とも要注目です。

※簡明にするために、外国語オノマトペもすべてカタカナで表記しました。

【ま行】

【や行】

【ら行】

【わ行】

索引

【さ行】

索 引

※本書内に見られるオノマトペ（現在も使われているもの）の索引です。
※オレンジの数字は、比べるテーマとして取り上げられているページです。
※各ノンブルは、そのテーマ内での初出ページを示しています。
（例：「あっさり」は、P.119～P.120のテーマにおいて、両ページに登場しますが、初出のP.119を示しています）

【あ行】

【か行】

参考文献・資料

引用に当たって、読みやすさの点から、本文の表記等を改めた場合があります。

○青空文庫　https://www.aozora.gr.jp
○古典ライブラリー　http://www.kotenlibrary.com
○京都大学電子図書館貴重画像資料　https://edb.kulib.kyoto-u.ac.jp/exhibit/index.html
○国立国会図書館デジタルコレクション　http://dl.ndl.go.jp
○国立国語研究所　日本語書き言葉均衡コーパス（BCCWJ）http://www.kotonoha.gr.jp/shonagon/
○窪薗晴夫編『オノマトペの謎―ピカチュウからモフモフまで―』（岩波書店、二〇一七年）
○『日本国語大辞典　第二版』（小学館）Japanknowledge版
○室生犀星『愛の詩集』（室生犀星全集2、新潮社、一九六五年）
○山田英夫『ビジネス版　悪魔の辞典』（メディアファクトリー、一九九八年、BCCWJ）
○『宇治拾遺物語』（日本古典文学大系27、岩波書店、一九六〇年）
○黒田月洞軒『大団』（狂歌大観、明治書院、一九八二年）
○江戸川乱歩『黄金豹／妖人ゴング』（江戸川乱歩推理文庫37、講談社、一九八八年）
○池田廣司／北原保雄『大倉虎明本狂言集の研究』（表現社、一九七二〜八三年）
○竹田出雲他『奥州安達原』（金桜堂、一八九一年、国立国会図書館デジタルコレクション）
○夢野久作『オンチ』（夢野久作全集10、ちくま文庫、一九九二年）
○安原貞室『かたこと』（日本古典全集、日本古典全集刊行会、一九三一年、国会図書館デジタルコレクション）
○竹田出雲他『仮名手本忠臣蔵』（日本古典文学大系51、岩波書店、一九六〇年）

○蔵原伸二郎『岸辺』（Amazon Kindle版）
○芥川龍之介『蜘蛛の糸』（芥川龍之介全集3、岩波書店、一九九六年）
○原民喜『苦しく美しき夏』（Amazon Kindle版）
○『古活字本毛詩抄』（抄物資料集成6、清文堂出版、一九七一年）
○『狭衣物語』（日本古典文学大系79、岩波書店、一九七五年）
○嚔居士一音『左比志遠理』（古典ライブラリー）
○『三体詩素隠抄』（抄物大系、勉誠社、一九七七年）
○小林一茶『七番日記』（古典ライブラリー）
○牧逸馬『上海された男』（Amazon Kindle版）
○二条良基『十問最秘抄』（日本古典文学大系66、岩波書店、一九六一年）
○長谷川時雨『朱絃舎浜子』（Amazon Kindle版）
○安井小洒『蕉門名家句集』（古典ライブラリー）
○『古典俳文学大系』（集英社、一九七二年）
○野村胡堂『銭形平次捕物控』（Amazon Kindle版）
○太宰治『善蔵を思ふ』（太宰治全集3、筑摩書房、一九八九年）
○海野十三『地中魔』（海野十三全集2、三一書房、一九九一年）
○谷崎潤一郎『痴人の愛』（谷崎潤一郎全集10、中央公論社、一九六七年）
○徳田秋聲『惰けもの』（秋聲全集1、臨川書店、一九八九年）
○岡本綺堂『半七捕物帖』（光文社文庫、一九八六年）
○山田英夫『ビジネス版　悪魔の辞典』（メディアファクトリー、一九九八年、BCCWJ）
○小林一茶『文政句帖』（古典ライブラリー）
○『病論俗解集』（京都大学図書館貴重画像資料）
○田山方南校閲／北野克写『名語記』（勉誠社、一九八三年）

著者プロフィール

小野正弘 おの・まさひろ

1958年、岩手県生まれ。明治大学文学部教授。日本語学会理事・日本近代語研究会会長。専門は日本語の史的研究（文字・語彙・意味)。日本語およびオノマトペに関する著書多数。『擬音語・擬態語4500 日本語オノマトペ辞典』(小学館)、『オノマトペがあるから日本語は楽しい：擬音語・擬態語の豊かな世界』（平凡社)、『NHKカルチャーラジオ 詩歌を楽しむ：オノマトペと詩歌のすてきな関係』（NHK出版)、『三省堂現代新国語辞典 第五版』（三省堂)、『感じる言葉 オノマトペ』（KADOKAWA/角川学芸出版）ほか。

くらべてわかる オノマトペ

2018（平成30）年7月13日　初版第1刷発行
2025（令和 7 ）年7月10日　初版第3刷発行

著者
小野正弘

発行者
錦織圭之介

発行所
株式会社東洋館出版社
〒101-0054 東京都千代田区神田錦町2-9-1
コンフォール安田ビル2階
代　表 TEL 03-6778-4343／FAX 03-5281-8091
営業部 TEL 03-6778-7278／FAX 03-5281-8092
振替 00180-7-96823
URL https://www.toyokanbooks.com

イラストレーション
風間勇人

装丁・本文デザイン
石間淳

DTP
櫻井梨加（藤原印刷株式会社）

印刷・製本
藤原印刷株式会社

ISBN978-4-491-03548-2